海丝唐韵　千年回望

——“黑石号”出水遗珍

长沙铜官窑遗址管理处　编著

文物出版社

图书在版编目（CIP）数据

海丝唐韵　千年回望："黑石号"出水遗珍 / 长沙铜官窑遗址管理处编著. －北京：文物出版社，2018.5

ISBN 978-7-5010-5570-8

Ⅰ. ①海… Ⅱ. ①长… Ⅲ. ①瓷器（考古）－长沙－唐代－图录 Ⅳ. ①K876.32

中国版本图书馆CIP数据核字（2018）第068419号

海丝唐韵　千年回望——"黑石号"出水遗珍

编　　著：长沙铜官窑遗址管理处

装帧设计：秦　彧　宋世敏
责任编辑：秦　彧　唐海源
器物摄影：宋　朝
责任印制：梁秋卉

出版发行：文物出版社
社　　址：北京市东直门内北小街2号楼
邮　　编：100007
网　　址：http: //www.wenwu.com
邮　　箱：web@wenwu.com
经　　销：新华书店
印　　刷：北京荣宝燕泰印务有限公司
开　　本：889mm × 1194mm　1/16
印　　张：11
版　　次：2018年5月第1版
印　　次：2018年5月第1次印刷
书　　号：ISBN 978-7-5010-5570-8
定　　价：300.00元

编委会

序

20 世纪 80 年代以来的考古发掘证实，长沙铜官窑是唐代著名的彩瓷窑。根据窑址发掘出土的长沙窑的产品面貌，并对比同一时期国内各遗址与同时期海外遗址出土的唐代瓷器可知，长沙窑瓷器在海外比在中国内地有着更加广泛的市场，基本可以确定长沙窑的产品在当时主要用于外销。也可以说，长沙窑是一处以外销为主要目的的瓷器生产窑场，这在唐代的对外文化交流史研究和今天所说的丝绸之路研究中均具有重要的意义。

自长沙窑遗址被发现以来，故宫博物院的陶瓷专家即予以高度关注，多次到遗址进行考察，对遗址性质与定位提出了重要的意见。我本人也曾多次到现场调研，真切地感受到长沙窑的生产规模之巨大和长沙铜官窑国家考古遗址公园近年来的发展变化。唐代李群玉曾写到“焰红湘浦口，烟浊洞庭云”（李群玉《石渚》），长期来人们并不明白其内涵，对比长沙窑的考古成果，今天我们很容易明白这句诗的真正价值，它是诗人对当年长沙铜官窑大规模制瓷景象的记录。

说长沙窑是唐代著名窑场，主要原因在于长沙铜官窑在瓷器上首次使用多彩装饰；首创高温铜红釉；首次将花鸟山水画饰于瓷，在釉美的基础上增添了画美；首次将诗文警句书写于瓷，从此瓷器因有诗而雅，有书法而逸。除此，长沙铜官窑的产品融合了多元文化精华，是中外文化交流的重要见证，其产品通过海上丝绸之路流布世界多地、具有国际性。

1998 年，在印度尼西亚勿里洞海域发现的“黑石号”沉船出水了大量的中国唐代瓷器，尤以长沙窑瓷器为大宗，多达 56500 余件。“黑石号”沉船出水的长沙窑瓷器可以说是长沙窑瓷器的集大成者：其造型几乎涵盖了目前所看到的长沙窑器物造型的绝大部分；纹饰也十分丰富，既有中国风格的图案，也有具有浓郁域外风情的内容；装饰文字中既有汉字“湖南道草市石渚盂子有明樊家记”，也有阿拉伯文字的箴言“真主真伟大”等。2017 年 11 月，长沙铜官窑遗址管理处征集了 162 件（套）“黑石号”

出水文物，这是迄今为止“黑石号”文物唯一一次批量“回家”，不仅种类齐全、品种繁多，绝大部分保存较完好，且不乏精品，其中一级文物15件（套）、二级文物81件、三级文物60件、一般文物6件，对研究唐代长沙窑瓷器的外销历史具有重要价值。

习近平主席说：“古丝绸之路绵亘万里，延续千年，积淀了以和平合作、开放包容、互学互鉴、互利共赢为核心的丝路精神。”长沙窑产品上中外文化因素共存的现象表明这处窑场、这些瓷器是“丝路精神”承载者。

希望长沙铜官窑国家考古遗址公园的保护越来越好，祝愿对长沙窑的研究取得更加丰硕的成果。

是为序！

故宫博物院院长 [signature]

目 录

1. 长沙窑青釉褐绿彩莲花纹大碗

唐代（618～907 年）
口径 20.0、底径 7.8、高 7.5 厘米

敞口，弧腹，圈足。碗内和外口沿着白色化妆土，内底用褐绿彩绘莲花纹，口沿饰四个褐斑。施青釉，外壁釉不及底。

2. 长沙窑青釉褐绿彩莲花纹大碗

唐代（618～907年）
口径20.1、底径6.8、高6.5厘米

敞口，弧腹，玉璧底。碗内和外口沿着白色化妆土，内底用褐绿彩绘莲花纹，口沿饰四个褐斑。施青釉，外壁釉不及底。

3. 长沙窑青釉褐绿彩莲花纹大碗

唐代（618～907年）
口径20.6、底径7.6、高6.9厘米

敞口，弧腹，玉璧底。碗内和外口沿着白色化妆土，内底用褐绿彩绘莲花纹，口沿饰四个褐斑。施青釉，外壁釉不及底。

4. 长沙窑青釉褐绿彩飞鸟纹大碗

唐代（618 ～ 907 年）
口径 22.0、底径 7.4、高 7.5 厘米

敞口，弧腹，圈足。碗内和外口沿着白色化妆土，碗内褐绿彩绘飞鸟纹，口沿饰四个褐斑。施青釉，外壁釉不及底。

5. 长沙窑青釉褐绿彩草叶纹大碗

唐代（618～907 年）
口径 20.7、底径 7.0、高 6.8 厘米

敞口，弧腹，圈足。碗内和外口沿着白色化妆土，内底用褐绿彩绘草叶纹，口沿饰四个褐斑。施青釉，外壁釉不及底。

6. 长沙窑青釉褐绿彩云气纹大碗

唐代（618～907 年）
口径 20.5、底径 7.6、高 7.4 厘米

敞口，弧腹，圈足。碗内和外口沿着白色化妆土，内底用褐绿彩绘云气纹，口沿饰四个褐斑。施青釉，外壁釉不及底。

7. 长沙窑青釉褐绿彩云气纹大碗

唐代（618～907年）
口径20.3、底径6.7、高6.8厘米

敞口，弧腹，圈足。碗内和外口沿着白色化妆土，内底用褐绿彩绘云气纹，口沿饰四个褐斑。施青釉，外壁釉不及底。

8. 长沙窑青釉褐绿彩云气纹大碗

唐代（618～907年）
口径 20.0、底径 6.6、高 7.5 厘米

敞口，弧腹，圈足。碗内和外口沿着白色化妆土，内底用褐绿彩绘云气纹，口沿饰四个褐斑。施青釉，外壁釉不及底。

9. 长沙窑青釉褐绿彩云气纹大碗

唐代（618～907年）
口径21.4、底径7.8、高7.6厘米

敞口，弧腹，圈足。碗内和外口沿着白色化妆土，内底用褐绿彩绘云气纹，口沿饰四个褐斑。施青釉，外壁釉不及底。

10. 长沙窑青釉褐绿彩云气纹大碗

唐代（618 ～ 907 年）
口径 20.7、底径 7.4、高 7.3 厘米

敞口，弧腹，圈足。碗内和外口沿着白色化妆土，内底用褐绿彩绘云气纹，口沿饰四个褐斑。施青釉，外壁釉不及底。

11. 长沙窑青釉褐绿彩云气纹大碗

唐代（618～907 年）
口径 20.9、底径 7.6、高 7.6 厘米

敞口，弧腹，圈足。碗内和外口沿着白色化妆土，内底用褐绿彩绘云气纹，口沿饰四个褐斑。施青釉，外壁釉不及底。

12. 长沙窑青釉褐绿彩阿拉伯文大碗

唐代（618～907年）
口径 19.9、底径 6.7、高 7.6 厘米

敞口，弧腹，圈足。碗内和外口沿着白色化妆土，内底用褐绿彩绘阿拉伯文，口沿饰四个褐斑。施青釉，外壁釉不及底。褐斑剥釉较多。

13. 长沙窑青釉褐绿彩阿拉伯文大碗

唐代（618 ～ 907 年）
口径 20.5、底径 7.2、高 7.9 厘米

敞口，弧腹，圈足。碗内和外口沿着白色化妆土，内底用褐绿彩绘阿拉伯文，口沿饰四个褐斑。施青釉，外壁釉不及底。

14. 长沙窑青釉褐绿彩阿拉伯文大碗

唐代（618～907 年）
口径 20.4、底径 7.4、高 7.5 厘米

敞口，弧腹，圈足。碗内和外口沿着白色化妆土，内底用褐绿彩绘阿拉伯文，口沿饰四个褐斑。施青釉，外壁釉不及底。

15. 长沙窑青釉褐绿彩莲花纹碗

唐代（618～907 年）
口径 15.0、底径 5.5、高 5.3 厘米

敞口，弧腹，圈足。碗内和外壁上部着白色化妆土，内底用褐绿彩绘莲花纹，口沿饰四个褐斑。施青釉，外壁釉不及底。

CY2017-9 02100

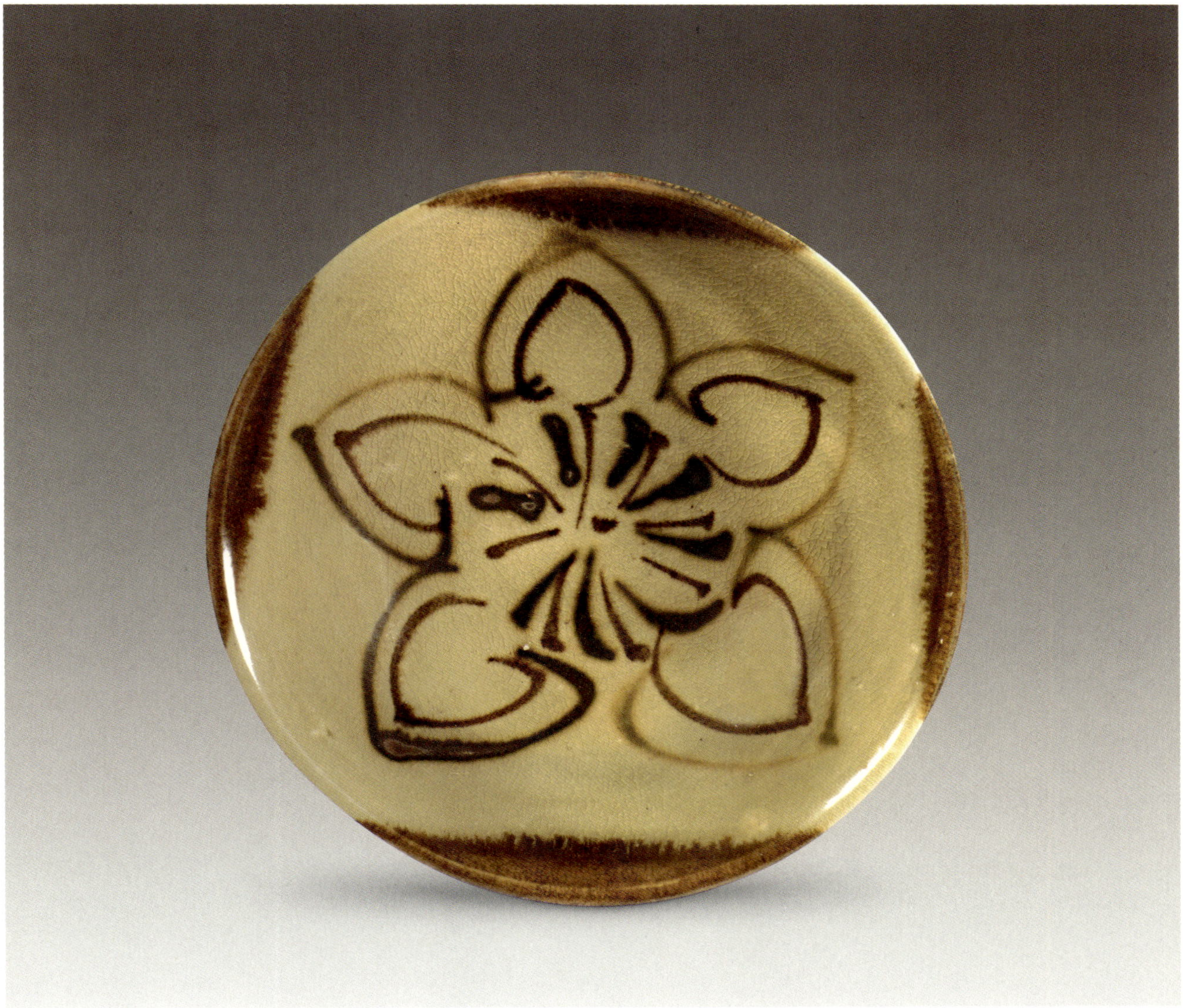

16. 长沙窑青釉褐绿彩莲花纹碗

唐代（618～907年）
口径 14.5、底径 5.5、高 4.8 厘米

敞口，弧腹，圈足。碗内和外口沿着白色化妆土，内底用褐绿彩绘莲花纹，口沿饰四个褐斑。施青釉，外壁釉不及底。

17. 长沙窑青釉褐绿彩莲花纹碗

唐代（618～907 年）
口径 15.8、底径 5.8、高 6.0 厘米

敞口，弧腹，圈足。碗内和外壁最上部着白色化妆土，内底用褐绿彩绘莲花纹，口沿饰四个褐斑。施青釉，外壁釉不及底。

18. 长沙窑青釉褐绿彩莲花纹碗

唐代（618 ~ 907 年）
口径 14.7、底径 5.7、高 5.1 厘米

敞口，弧腹，圈足。碗内和外壁上部着白色化妆土，内底用褐绿彩绘莲花纹，口沿饰四个褐斑。施青釉，外壁釉不及底。

19. 长沙窑青釉褐绿彩莲花纹碗

唐代（618～907年）
口径15.2、底径5.3、高5.7厘米

敞口，弧腹，圈足。碗内和外壁上部着白色化妆土，内底用褐绿彩绘莲花纹，口沿饰四个褐斑。施青釉，外壁釉不及底。

20. 长沙窑青釉褐绿彩草叶纹碗

唐代（618～907年）
口径15.3、底径5.7、高5.1厘米

敞口，弧腹，圈足。碗内和外口沿着白色化妆土，内底用褐绿彩绘草叶纹，口沿饰四个褐斑。施青釉，外壁釉不及底。

21. 长沙窑青釉褐绿彩草叶纹碗

唐代（618 ～ 907 年）
口径 15.4、底径 5.3、高 5.6 厘米

敞口，弧腹，圈足。碗内和外口沿着白色化妆土，内底用褐绿彩绘草叶纹，口沿饰四个褐斑。施青釉，外壁釉不及底。

22. 长沙窑青釉褐绿彩草叶纹碗

唐代（618～907年）
口径15.8、底径5.7、高5.2厘米

敞口，弧腹，圈足。碗内和外口沿着白色化妆土，内底用褐绿彩绘草叶纹，口沿饰四个褐斑。施青釉，外壁釉不及底。

23. 长沙窑青釉褐绿彩草叶纹碗

唐代（618～907 年）
口径 15.0、底径 5.3、高 4.9 厘米

敞口，弧腹，圈足。碗内和外口沿着白色化妆土，内底用褐绿彩绘草叶纹，口沿饰四个褐斑。施青釉，外壁釉不及底。

24. 长沙窑青釉褐绿彩草叶纹碗

唐代（618～907年）
口径14.8、底径5.3、高5.0厘米

敞口，弧腹，圈足。碗内和外壁上部着白色化妆土，内底用褐绿彩绘草叶纹，口沿饰四个褐斑。施青釉，外壁釉不及底。

25. 长沙窑青釉褐绿彩草叶纹碗

唐代（618 ～ 907 年）
口径 15.5、底径 5.5、高 5.9 厘米

敞口，弧腹，圈足。碗内和外壁最上部着白色化妆土，内底用褐绿彩绘草叶纹，口沿饰四个褐斑。施青釉，外壁釉不及底。

26. 长沙窑青釉褐绿彩草叶纹碗

唐代（618～907年）
口径15.4、底径5.2、高5.0厘米

敞口，弧腹，圈足。碗内和外口沿着白色化妆土，内底用褐绿彩绘草叶纹，口沿饰四个褐斑。施青釉，外壁釉不及底。

27. 长沙窑青釉褐绿彩草叶纹碗

唐代（618～907年）
口径15.3、底径5.6、高5.7厘米

敞口，弧腹，圈足。碗内和外壁上部着白色化妆土，内底用褐绿彩绘草叶纹，口沿饰四个褐斑。施青釉，外壁釉不及底。

28. 长沙窑青釉褐绿彩草叶纹碗

唐代（618～907年）
口径15.0、底径5.6、高5.0厘米

敞口，弧腹，圈足。碗内和外口沿着白色化妆土，内底用褐绿彩绘草叶纹，口沿饰四个褐斑。施青釉，外壁釉不及底。

29. 长沙窑青釉褐绿彩草叶纹碗

唐代（618～907年）
口径14.8、底径5.3、高5.1厘米

敞口，弧腹，圈足。碗内和外口沿着白色化妆土，内底用褐绿彩绘草叶纹，口沿饰四个褐斑。施青釉，外壁釉不及底。

30. 长沙窑青釉褐绿彩草叶纹碗

唐代（618～907 年）
口径 14.7、底径 5.7、高 5.4 厘米

敞口，弧腹，圈足。碗内和外口沿着白色化妆土，内底用褐绿彩绘草叶纹，口沿饰四个褐斑。红胎，施青釉，外壁釉不及底。

31. 长沙窑青釉褐绿彩草叶纹碗

唐代（618～907年）
口径15.0、底径5.5、高5.0厘米

敞口，弧腹，圈足。碗内和外口沿着白色化妆土，内底用褐绿彩绘草叶纹，口沿饰四个褐斑。施青釉，外壁釉不及底。

32. 长沙窑青釉褐绿彩草叶纹碗

唐代（618～907年）
口径14.7、底径5.7、高5.4厘米

敞口，弧腹，圈足。碗内和外壁大半着白色化妆土，内底用褐绿彩绘草叶纹，口沿饰四个褐斑。施青釉，外壁釉不及底。

33. 长沙窑青釉褐绿彩草叶纹碗

唐代（618～907年）
口径15.0、底径5.8、高5.0厘米

敞口，弧腹，圈足。碗内和外口沿着白色化妆土，内底用褐绿彩绘草叶纹，口沿饰四个褐斑。施青釉，外壁釉不及底。

CY2017-4
0271

34. 长沙窑青釉褐绿彩草叶纹碗

唐代（618～907年）
口径15.3、底径5.8、高5.3厘米

敞口，弧腹，圈足。碗内和外壁最上部着白色化妆土，内底用褐绿彩绘草叶纹，口沿饰四个褐斑。施青釉，外壁釉不及底。

35. 长沙窑青釉褐绿彩飞鸟纹碗

唐代（618～907 年）
口径 14.9、底径 5.3、高 5.0 厘米

敞口，弧腹，圈足。碗内和外口沿着白色化妆土，碗内以褐绿彩绘飞鸟纹，口沿饰四个褐斑。施青釉，外壁釉不及底。

36. 长沙窑青釉褐绿彩云气纹碗

唐代（618～907年）
口径14.9、底径5.5、高5.0厘米

敞口，弧腹，圈足。碗内和外口沿着白色化妆土，内底用褐绿彩绘云气纹，口沿饰四个褐斑。施青釉，外壁釉不及底。

37. 长沙窑青釉褐红彩云气纹碗

唐代（618～907年）
口径15.1、底径5.3、高4.6厘米

敞口，弧腹，圈足。碗内和外口沿着白色化妆土，内底用褐红彩绘云气纹，口沿饰四个褐斑，碗心有窑粘。施青釉，外壁釉不及底。

38. 长沙窑青釉褐绿彩云气纹碗

唐代（618～907 年）
口径 15.2、底径 5.2、高 5.3 厘米

敞口，弧腹，圈足。碗内和外口沿着白色化妆土，内底用褐绿彩绘云气纹，口沿饰四个褐斑。施青釉，外壁釉不及底。

39. 长沙窑青釉褐绿彩云气纹碗

唐代（618～907 年）
口径 15.5、底径 5.7、高 5.5 厘米

敞口，弧腹，圈足。碗内和外口沿着白色化妆土，内底用褐绿彩绘云气纹，口沿饰四个褐斑。施青釉，外壁釉不及底。

40. 长沙窑青釉褐绿彩云气纹碗

唐代（618 ~ 907 年）
口径 15.3、底径 5.7、高 5.5 厘米

敞口，弧腹，圈足。碗内和外口沿着白色化妆土，内底用褐绿彩绘云气纹，口沿饰四个褐斑。施青釉，外壁釉不及底。

41. 长沙窑青釉褐绿彩云气纹碗

唐代（618～907年）
口径14.8、底径5.6、高5.2厘米

敞口，弧腹，圈足。碗内和外壁上部着白色化妆土，内底用褐绿彩绘云气纹，口沿饰四个褐斑。施青釉，外壁釉不及底。

42. 长沙窑青釉褐绿彩云气纹碗

唐代（618～907 年）
口径 15.6、底径 5.6、高 5.2 厘米

敞口，弧腹，圈足。碗内和外口沿着白色化妆土，内底用褐绿彩绘云气纹，口沿饰四个褐斑。施青釉，外壁釉不及底。

43. 长沙窑青釉褐绿彩云气纹碗

唐代（618～907年）
口径15.1、底径5.8、高5.2厘米

敞口，弧腹，圈足。碗内和外壁上部着白色化妆土，内底用褐绿彩绘云气纹，口沿饰四个褐斑。施青釉，外壁釉不及底。

44. 长沙窑青釉褐绿彩云气纹碗

唐代（618～907年）
口径15.2、底径5.5、高5.4厘米

敞口，弧腹，圈足。碗内和外口沿着白色化妆土，内底用褐绿彩绘云气纹，口沿饰四个褐斑。施青釉，外壁釉不及底。

45. 长沙窑青釉褐绿彩云气纹碗

唐代（618～907 年）
口径 14.9、底径 5.5、高 4.9 厘米

敞口，弧腹，圈足。碗内和外壁上部着白色化妆土，内底用褐绿彩绘云气纹，口沿饰四个褐斑。施青釉，外壁釉不及底。

46. 长沙窑青釉褐绿彩云气纹碗

唐代（618～907年）
口径15.5、底径5.8、高5.0厘米

敞口，弧腹，圈足。碗内和外口沿着白色化妆土，内底用褐绿彩绘云气纹，口沿饰四个褐斑。施青釉，外壁釉不及底。

47. 长沙窑青釉褐绿彩云气纹碗

唐代（618～907年）
口径15.1、底径5.7、高5.3厘米

敞口，弧腹，圈足。碗内和外壁最上部着白色化妆土，内底用褐绿彩绘云气纹，口沿饰四个褐斑。施青釉，外壁釉不及底。

48. 长沙窑青釉褐绿彩云气纹碗

唐代（618～907 年）
口径 15.0、底径 5.5、高 5.5 厘米

敞口，弧腹，圈足。碗内和外壁最上部着白色化妆土，内底用褐绿彩绘云气纹，口沿饰四个褐斑。施青釉，外壁釉不及底。

49. 长沙窑青釉褐绿彩阿拉伯文碗

唐代（618～907 年）
口径 15.3、底径 5.5、高 5.2 厘米

敞口，弧腹，平底。碗内和外口沿着白色化妆土，内底用褐绿彩绘阿拉伯文，口沿饰四个褐斑。施青釉，外壁釉不及底。

CY2017-9 02173

50. 长沙窑青釉褐绿彩阿拉伯文碗

唐代（618～907年）
口径 15.2、底径 5.6、高 4.9 厘米

敞口，弧腹，圈足。碗内和外壁最上部着白色化妆土，内底用褐绿彩绘阿拉伯文，口沿饰四个褐斑。施青釉，外壁釉不及底。

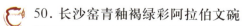

51. 长沙窑青釉褐绿彩阿拉伯文碗

唐代（618～907年）
口径15.2、底径5.3、高5.2厘米

敞口，弧腹，圈足。碗内和外口沿着白色化妆土，内底用褐绿彩绘阿拉伯文，口沿饰四个褐斑。施青釉，外壁釉不及底。

52. 长沙窑青釉褐绿彩阿拉伯文碗

唐代（618 ~ 907 年）
口径 15.5、底径 5.7、高 5.4 厘米

敞口，弧腹，圈足。碗内和外壁上部着白色化妆土，内底用褐绿彩绘阿拉伯文，口沿饰四个褐斑。施青釉，外壁釉不及底。

53. 长沙窑青釉褐绿彩阿拉伯文碗

唐代（618～907年）
口径15.5、底径5.7、高5.4厘米

敞口，弧腹，圈足。碗内和外壁上部着白色化妆土，内底用褐绿彩绘阿拉伯文，口沿饰四个褐斑。施青釉，外壁釉不及底。

54. 长沙窑青釉褐绿彩阿拉伯文碗

唐代（618～907 年）
口径 15.7、底径 5.9、高 5.1 厘米

敞口，弧腹，圈足。碗内和外壁上部着白色化妆土，内底用褐绿彩绘阿拉伯文，口沿饰四个褐斑。施青釉，外壁釉不及底。

55. 长沙窑青釉褐绿彩阿拉伯文碗

唐代（618～907年）
口径15.1、底径5.6、高5.3厘米

敞口，弧腹，圈足。碗内和外壁上部着白色化妆土，内底用褐绿彩绘阿拉伯文，口沿饰四个褐斑。施青釉，外壁釉不及底。

56. 长沙窑青釉褐绿彩阿拉伯文碗

唐代（618～907 年）
口径 15.3、底径 5.1、高 5.0 厘米

敞口，弧腹，圈足。碗内和外口沿着白色化妆土，内底用褐绿彩绘阿拉伯文，口沿饰四个褐斑。施青釉，外壁釉不及底。

57. 长沙窑青釉褐绿彩阿拉伯文碗

唐代（618～907 年）
口径 14.8、底径 5.4、高 5.0 厘米

敞口，弧腹，圈足。碗内和外壁最上部着白色化妆土，内底用褐绿彩绘阿拉伯文，口沿饰四个褐斑。施青釉，外壁釉不及底。

58. 长沙窑青釉褐蓝彩阿拉伯文碗

唐代（618～907 年）
口径 15.8、底径 5.7、高 5.1 厘米

敞口，弧腹，圈足。碗内和外口沿着白色化妆土，内底用褐蓝彩绘阿拉伯文，口沿饰四个褐斑。施青釉，外壁釉不及底。

59. 长沙窑青釉褐绿彩阿拉伯文碗

唐代（618～907年）
口径15.6、底径5.4、高5.3厘米

敞口，弧腹，圈足。碗内和外壁最上部着白色化妆土，内底用褐绿彩绘阿拉伯文，口沿饰四个褐斑。施青釉，外壁釉不及底。

60. 长沙窑青釉褐绿彩阿拉伯文碗

唐代（618～907年）
口径15.0、底径5.7、高5.4厘米

敞口，弧腹，圈足。碗内和外口沿着白色化妆土，内底用褐绿彩绘阿拉伯文，口沿饰四个褐斑。施青釉，外壁釉不及底。

61. 长沙窑青釉褐绿彩阿拉伯文碗

唐代（618～907 年）
口径 14.5、底径 5.6、高 5.3 厘米

敞口，弧腹，圈足。碗内和外口沿着白色化妆土，内底用褐绿彩绘阿拉伯文，口沿饰四个褐斑。施青釉，外壁釉不及底。

62. 长沙窑青釉褐绿彩阿拉伯文碗

唐代（618～907年）
口径15.4、底径5.7、高5.2厘米

敞口，弧腹，圈足。碗内和外壁最上部着白色化妆土，内底用褐绿彩绘阿拉伯文，口沿饰四个褐斑。施青釉，外壁釉不及底。

63. 长沙窑青釉褐绿彩阿拉伯文碗

唐代（618～907年）
口径15.5、底径5.2、高5.5厘米

敞口，弧腹，圈足。碗内和外壁最上部着白色化妆土，内底用褐绿彩绘阿拉伯文，口沿饰四个褐斑。施青釉，外壁釉不及底。

64. 长沙窑绿釉碗

唐代（618～907年）
口径14.2、底径5.5、高4.5厘米

四葵口外撇，弧腹，圈足。碗内有四凸棱。通体施绿釉。釉面剥蚀严重。

65. 长沙窑青釉碗

唐代（618～907 年）
口径 15.0、高 2.9 厘米

敞口，圆唇，斜直腹，玉璧底。通体施青釉。

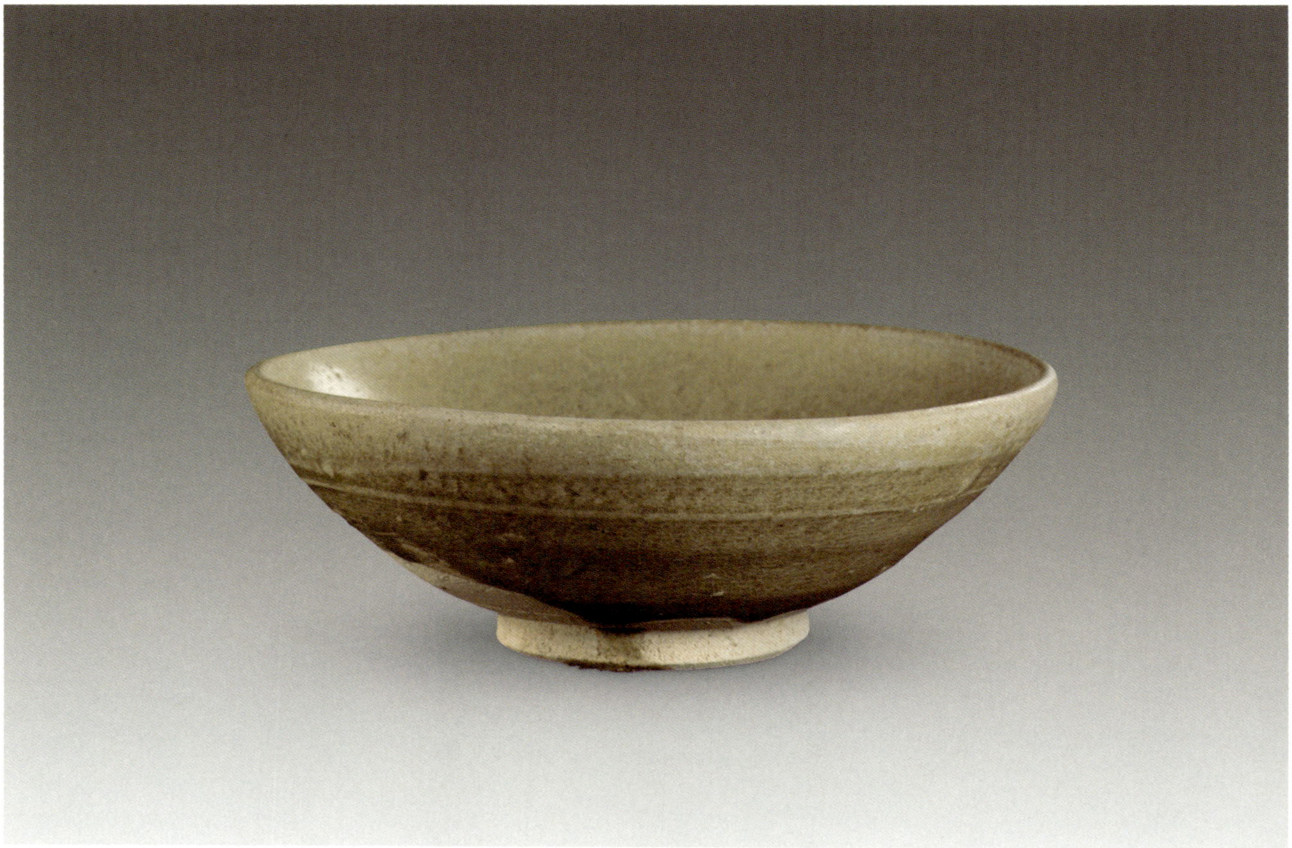

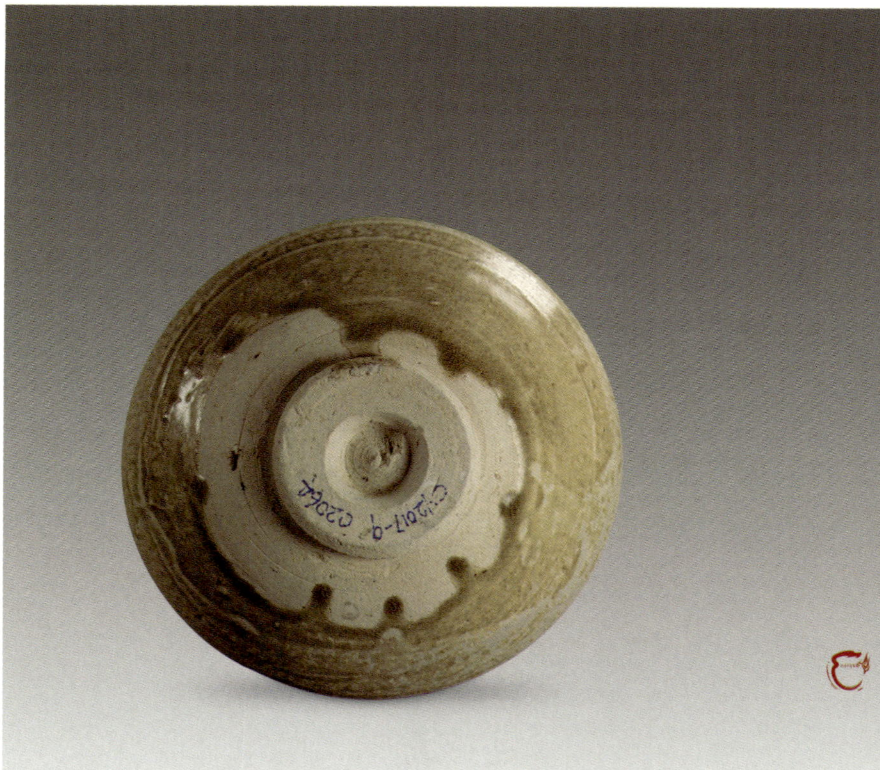

66. 长沙窑青釉碗

唐代（618～907 年）
口径 14.7、底径 7.0、高 5.7 厘米

敞口，圆唇，弧腹，玉璧底。施青釉，外壁釉不及底。

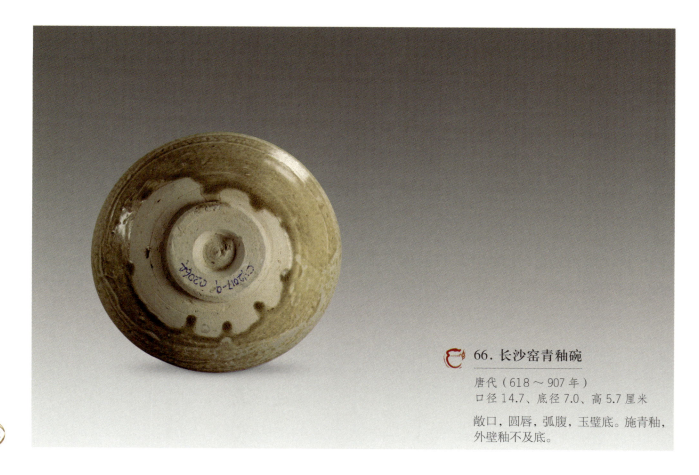

67. 长沙窑青釉碗

唐代（618～907年）
口径 14.0、底径 5.3、高 4.8 厘米

敞口，圆唇，弧腹，玉璧底。施青釉，外壁釉不及底。

68. 长沙窑青釉碗

唐代（618～907年）
口径 13.6、底径 5.3、高 4.9 厘米

敞口，圆唇，弧腹，圈足。碗内和外壁上部着白色化妆土。施青釉，外壁釉不及底。

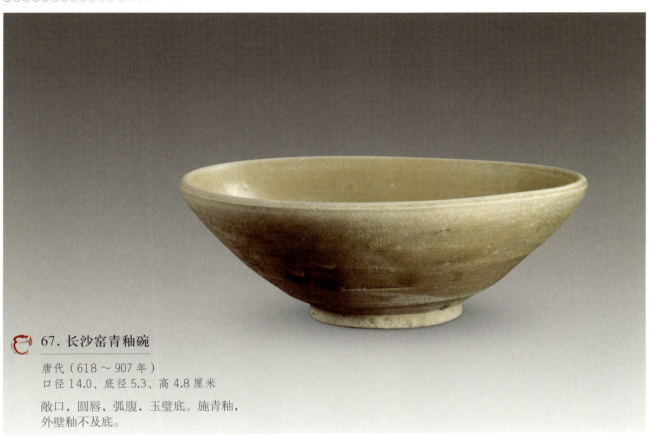

69. 长沙窑青釉褐绿彩莲花纹杯

唐代（618～907年）
口径10.9、底径5.3、高6.3厘米

敞口，弧腹，饼形足。杯内和外口沿着白色化妆土，内底用褐绿彩绘莲花纹，口沿饰四个褐斑。施青釉，外壁釉不及底。

70. 长沙窑青釉褐绿彩草叶纹杯

唐代（618～907 年）
口径 10.8、底径 4.7、高 5.9 厘米

敞口，弧腹，饼形足。杯内和外壁大部着白色化妆土，内底用褐绿彩绘草叶纹，口沿饰三个褐斑。施青釉，外壁釉不及底。

CY2017-9 02094

71. 长沙窑青釉褐绿彩草叶纹杯

唐代（618～907年）
口径10.3、底径4.9、高6.4厘米

敞口，弧腹，饼形足。杯内和外壁大部着白色化妆土，内底用褐绿彩绘草叶纹，口沿饰四个褐斑。施青釉，外壁釉不及底。

72. 长沙窑青釉褐绿彩阿拉伯文杯

唐代（618～907年）
口径10.3、底径4.5、高5.9厘米

敞口，弧腹，饼形足。杯内和外壁大部着白色化妆土，内底用褐绿彩书阿拉伯文，口沿饰三个褐斑。施青釉，外壁釉不及底。

73. 长沙窑绿釉杯

唐代（618～907年）
口径8.9、底径4.4、高6.3厘米

直口微敞，直腹微弧，饼形足。
施绿釉，釉不及底。

74. 长沙窑青釉褐斑模印贴花执壶

唐代（618～907年）
口径7.9、底径15.4、高21.0厘米

撇口，束颈，溜肩，直腹，平底。肩部前置八棱短流，两侧各安一桥形系，系中有条状凸起，流对侧肩、颈间安弓形柄。流与两系下各饰一个模印贴花椰枣纹，贴花上施褐斑。浅灰胎，内口沿与外壁施青釉，外壁施釉不及底。

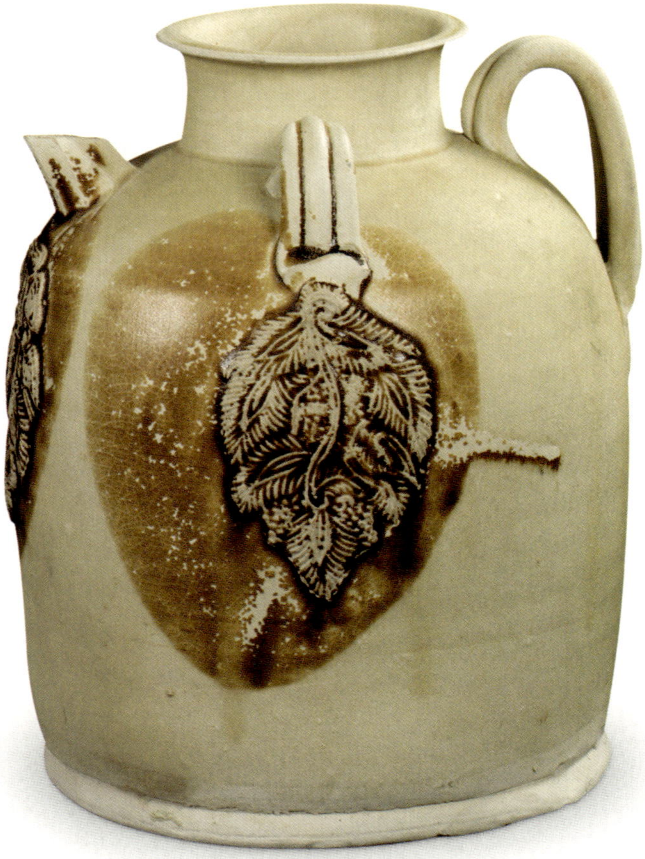

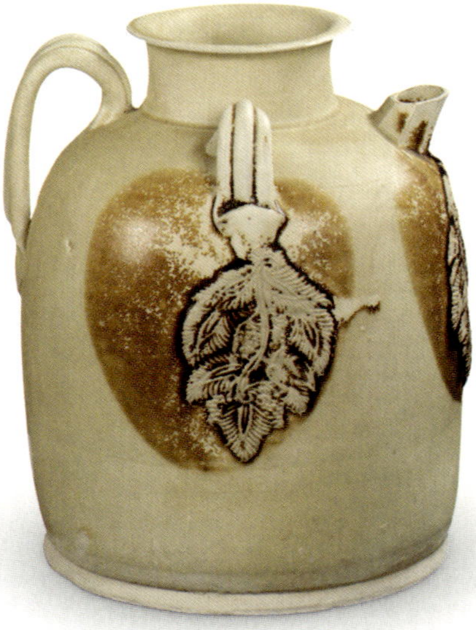

75. 长沙窑青釉褐斑模印贴花执壶

唐代（618 ～ 907 年）
口径 8.3、底径 15.4、高 20.6 厘米

撇口，束颈，溜肩，直腹，平底。肩部前置八棱短流，两侧各安一桥形系，系中有条状凸起，流对侧肩、颈间安弓形柄。流下饰一“何”字狮纹贴花，两系下各饰一个模印贴花椰枣纹，贴花上施褐斑。浅灰胎，内口沿与外壁施青釉，外壁施釉不及底。

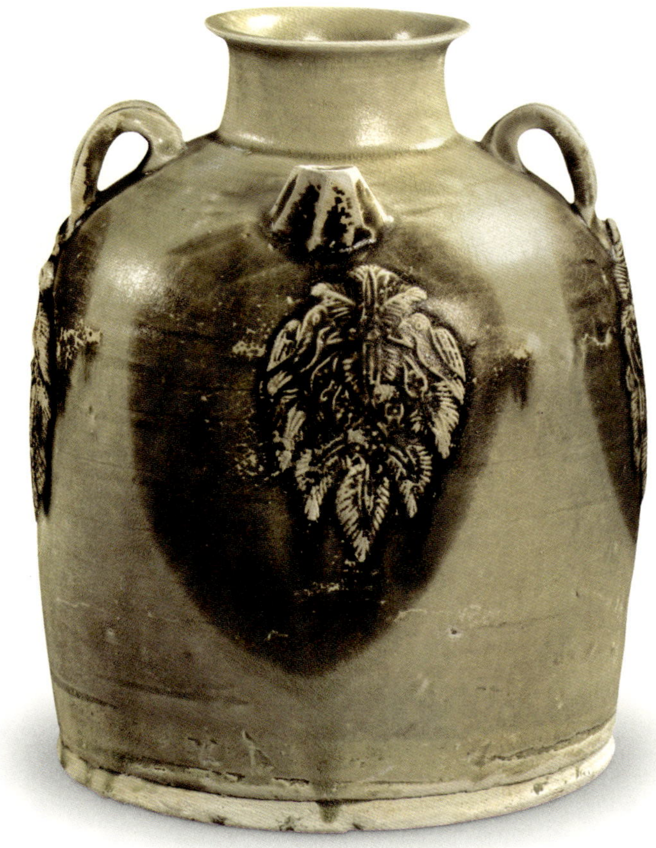

76. 长沙窑青釉褐斑模印贴花执壶

唐代（618～907 年）
口径 7.6、底径 15.9、高 22.2 厘米

撇口，束颈，溜肩，直腹，平底。肩部前置八棱短流，两侧各安一桥形系，系中有条状凸起，流对侧肩、颈间安弓形柄。流与两系下各饰一个模印贴花椰枣纹，贴花上施褐斑。浅灰胎，内口沿与外壁施青釉，外壁施釉不及底。

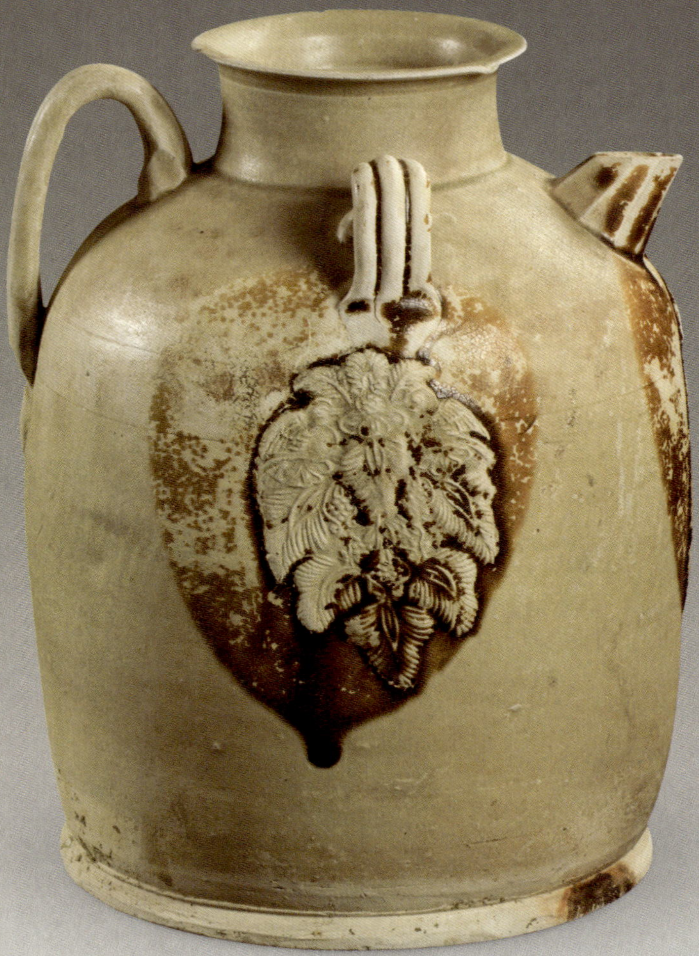

77. 长沙窑青釉褐斑模印贴花执壶

唐代（618～907年）
口径8.5、底径15.5、高22.0厘米

撇口，束颈，溜肩，直腹微下收，平底。肩部前置八棱短流，两侧各安一桥形系，系中有条状凸起，流对侧肩、颈间安弓形柄。流下饰一个模印贴花狮子纹，两系下各饰一个模印贴花椰枣纹，贴花上施褐斑。浅灰胎，内口沿与外壁施青釉，外壁施釉不及底。

78. 长沙窑青釉褐斑模印贴花执壶

唐代（618～907年）
口径7.3、底径14.8、高21.5厘米

撇口，束颈，溜肩，直腹微弧，平底。肩部前置八棱短流，两侧各安一桥形系，系中有条状凸起，流对侧肩、颈间安弓形柄。流与两系下各饰一个模印贴花椰枣纹，贴花上施褐斑。浅灰胎，内口沿与外壁施青釉，外壁施釉不及底。

79. 长沙窑青釉褐斑模印贴花执壶

唐代（618 ～ 907 年）
口径 7.4、底径 13.2、高 18.6 厘米

撇口，束颈，溜肩，直腹微下收，平底。肩部前置八棱短流，两侧各安一桥形系，系中有条状凸起，流对侧肩、颈间安弓形柄。流下饰一个模印贴花狮子纹，两系下各饰一个模印贴花椰枣纹，贴花上施褐斑。浅灰胎，内口沿与外壁施青釉，外壁施釉不及底。

80. 长沙窑青釉褐斑模印贴花执壶

唐代（618～907年）
口径8.7、底径14.9、高22.0厘米

撇口，束颈，溜肩，直腹，平底。肩部前置八棱短流，两侧各安一桥形系，系中有条状凸起，流对侧肩、颈间安弓形柄。流与两系下各饰一个模印贴花椰枣纹，贴花上施褐斑。浅灰胎，内口沿与外壁施青釉，外壁施釉不及底。

81. 长沙窑青釉褐绿彩草叶纹盘口水注

唐代（618～907年）
口径4.4、底径3.9、高8.9厘米

盘口，束颈，短流，绳形系，鼓腹下收，平底。口沿饰褐斑，腹部用褐绿彩绘草叶纹。浅灰胎，内口沿与外壁施青釉，外壁施釉不及底。

82. 长沙窑青釉盘口水注

唐代（618～907年）
口径7.2、高14.2厘米

盘口，束颈，短流，绳形系，鼓腹下收，平底。口沿及腹部施褐斑。浅灰胎，内口沿与外壁施青釉，外壁施釉不及底。

83. 长沙窑青釉盘口水注

唐代（618～907年）
口径5.4、底径5.0、高9.8厘米

盘口，束颈，短流，鼓腹下收，平底。灰白胎，内口沿与外壁施青釉，外壁施釉不及底。

84. 长沙窑青釉盘口水注

唐代（618～907 年）
口径 5.5、底径 5.7、高 10.8 厘米

盘口，束颈，短流，鼓腹下收，平底。口沿及腹部饰褐斑。浅灰胎，内口沿与外壁施青釉，外壁施釉不及底。

85. 长沙窑酱釉盘口水注

唐代（618～907 年）
口径 5.7、底径 5.0、高 9.7 厘米

盘口较大，短束颈，短流，弓形系，鼓腹下收，平底。浅灰胎，内口沿与外壁施酱釉，外壁施釉不及底。

86. 长沙窑酱釉盘口水注

唐代（618～907年）
口径4.9、底径4.8、高9.5厘米

盘口，束颈，短流，鼓腹下收，平底。灰白胎，内口沿与外壁施酱釉，外壁施釉不及底。

87. 长沙窑酱釉双系罐

唐代（618～907 年）
口径 7.6、底径 7.1、高 13.0 厘米

敞口，卷沿，短颈，溜肩，鼓腹下收，玉璧底。颈、肩部置对称的双系。通体施酱釉，外壁施釉不及底。

88. 长沙窑青釉褐绿彩水盂

唐代（618～907 年）
口径 2.5、底径 3.3、高 4.2 厘米

敛口，扁鼓腹，饼足。内口沿和外腹上部着白色化妆土，肩部用褐绿彩绘草叶纹。施青釉，外壁釉不及底。

89. 长沙窑青釉褐绿彩水盂

唐代（618～907年）
口径2.5、底径3.4、高3.7厘米

敛口，扁鼓腹，饼足。内口沿和外腹上部着白色化妆土，肩部用褐绿彩绘草叶纹。施青釉，外壁釉不及底。

90. 长沙窑青釉褐绿彩水盂

唐代（618～907 年）
口径 2.5、底径 3.5、高 4.5 厘米

敛口，扁鼓腹，饼足。内口沿和外腹上部着白色化妆土，肩部用褐绿彩绘草叶纹。施青釉，外壁釉不及底。

91. 长沙窑青釉褐绿彩水盂

唐代（618～907 年）
口径 2.5、底径 3.5、高 3.7 厘米

敛口，扁鼓腹，饼足。内口沿和外腹上部着白色化妆土，肩部用褐绿彩绘草叶纹。施青釉，外壁釉不及底。

92. 长沙窑青釉褐绿彩水盂

唐代（618～907 年）
口径 2.5、底径 3.3、高 4.2 厘米

敛口，扁鼓腹，饼足。内口沿和外腹上部着白色化妆土，肩部用褐绿彩绘草叶纹。施青釉，外壁釉不及底。

93. 长沙窑青釉褐绿彩水盂

唐代（618～907 年）
口径 2.5、底径 3.3、高 3.7 厘米

敛口，扁鼓腹，饼足。内口沿和外腹上部着白色化妆土，肩部用褐绿彩绘草叶纹。施青釉，外壁釉不及底。

94. 长沙窑青釉褐绿彩水盂

唐代（618～907 年）
口径 2.5、底径 3.3、高 3.8 厘米

敛口，扁鼓腹，饼足。内口沿和外腹上部着白色化妆土，肩部用褐绿彩绘草叶纹。施青釉，外壁釉不及底。

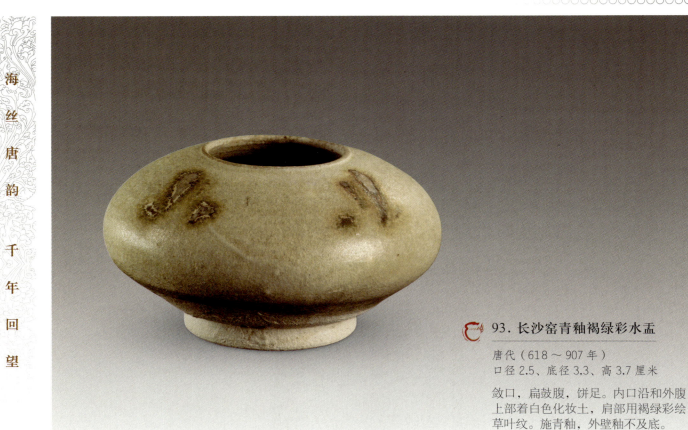

95. 长沙窑青釉褐绿彩水盂

唐代（618～907年）
口径2.5、底径3.3、高4.3厘米

敛口，扁鼓腹，饼足。内口沿和外腹上部着白色化妆土，肩部用褐绿彩绘草叶纹。施青釉，外壁釉不及底。

96. 长沙窑青釉褐绿彩水盂

唐代（618～907年）
口径2.5、底径3.3、高3.7厘米

敛口，扁鼓腹，饼足。内口沿和外腹上部着白色化妆土，肩部用褐绿彩绘草叶纹。施青釉，外壁釉不及底。

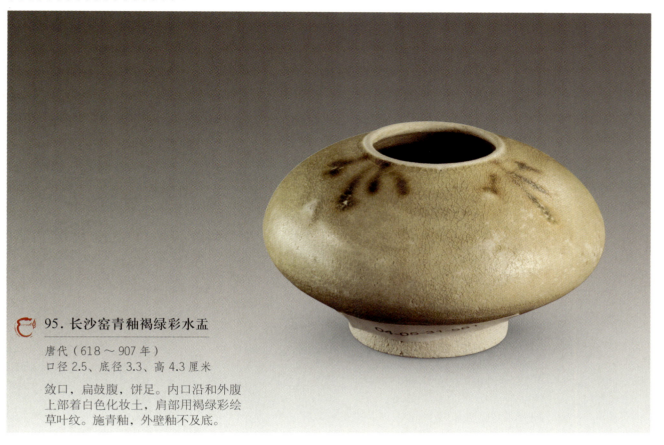

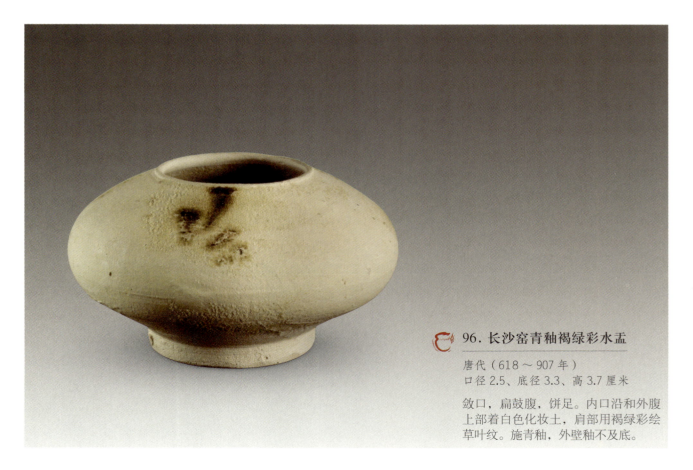

97. 长沙窑青釉褐绿彩水盂

唐代（618～907年）
口径2.5、底径3.3、高4.3厘米

敛口，扁鼓腹，饼足。内口沿和外腹上部着白色化妆土，肩部用褐绿彩绘草叶纹。施青釉，外壁釉不及底。

98. 长沙窑青釉褐绿彩水盂

唐代（618～907年）
口径2.5、底径3.5、高4.3厘米

敛口，扁鼓腹，饼足。内口沿和外腹上部着白色化妆土，肩部用褐绿彩绘草叶纹。施青釉，外壁釉不及底。

99. 长沙窑青釉褐绿彩水盂

唐代（618～907年）
口径2.5、底径3.5、高3.9厘米

敛口，扁鼓腹，饼足。内口沿和外腹上部着白色化妆土，肩部用褐绿彩绘草叶纹。施青釉，外壁釉不及底。

100. 长沙窑青釉褐绿彩水盂

唐代（618～907年）
口径2.5、底径3.3、高4.3厘米

唇口，束颈，鼓腹下收，平底内凹。内口沿和外腹上部着白色化妆土，肩部有三系及短流，有盖。盖及罐身施青釉。

101. 长沙窑酱釉香炉

唐代（618～907 年）
宽 8.2、高 8.6 厘米

盖为母口，盖面弧曲，上有镂空五个，盖面施酱釉。
炉体为子口，直腹，下有四足，外壁施青釉。

102. 长沙窑青釉褐绿彩带流灯

唐代（618～907年）
口径9.0、底径3.8、高7.0厘米

敞口，弧腹，平底，圈足。口沿下有一短流。内底用褐绿彩绘草叶纹。

103. 长沙窑褐釉碗形灯

唐代（618～907 年）
口径 11.5、底径 4.3、高 3.7 厘米

敞口，斜腹，平底。碗内壁有一条形纽。内壁与外壁上部施褐釉。

104. 越窑青釉大碗

唐代（618～907年）
口径22.5、高4.1厘米

敛口，圆唇，弧腹，玉璧底。通体施青釉。

105. 越窑青釉刻花碗

唐代（618～907 年）
口径 14.0、高 3.7 厘米

四葵口外侈，卷沿，圆唇，弧腹，圈足。碗内刻花莲花纹，通体施青釉。

106. 越窑青釉碗

唐代（618～907 年）
口径 15.2、高 4.1 厘米

敞口，圆唇，斜腹，玉璧底。
通体施青釉。

107. 越窑青釉碗

唐代（618～907年）
口径14.8、底径6.1、高4.0厘米

敛口，圆唇，斜腹，玉璧底。通体施青釉。

108. 越窑青釉碗

唐代（618～907年）
口径14.8、底径6.8、高4.0厘米

敞口，圆唇，斜腹，玉璧底。通体施青釉。

109. 越窑青釉碗

唐代（618～907年）
口径14.5、底径6.1、高4.1厘米

敞口，圆唇，斜腹，玉璧底。通体施青釉。

110. 越窑青釉盏

唐代（618～907 年）
口径 13.5、高 4.9 厘米

敛口，圆唇，弧腹，玉璧底。通体施青釉。

111. 越窑青釉盏

唐代（618～907年）
口径12.2、底径4.2、高4.5厘米

敛口，圆唇，弧腹，玉璧底。通体施青釉。

112. 越窑青釉托盘

唐代（618～907 年）
口径 24.4、底径 13.3、高 2.7 厘米

葵口，平折沿，浅弧腹，圈足。通体施青釉。

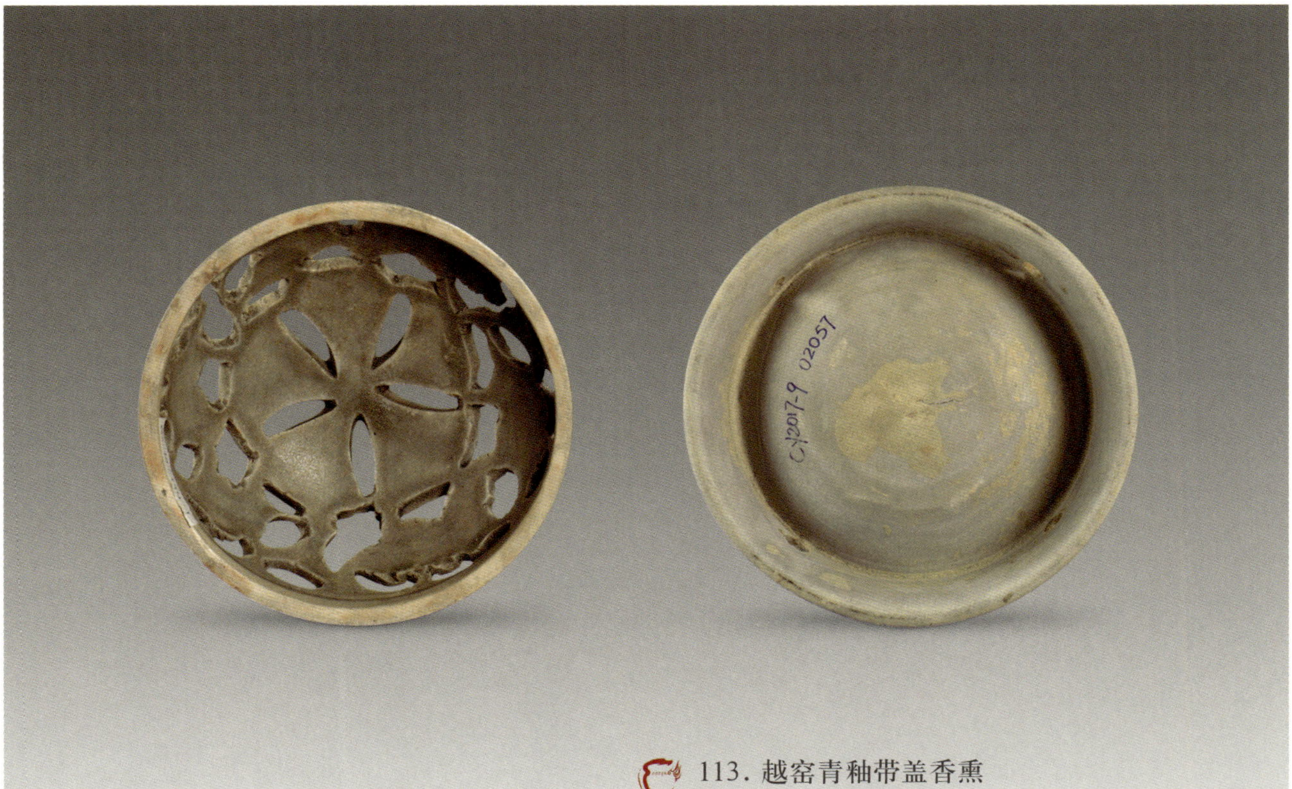

113. 越窑青釉带盖香熏

唐代（618 ～ 907 年）
盖口径 12.5、炉口径 10.8、底径 14.3、高 12.3 厘米

盖为母口，盖面弧鼓，有叶形镂空，宝珠纽。熏炉为子口，直腹，圈足，足上有四孔。通体施青釉。

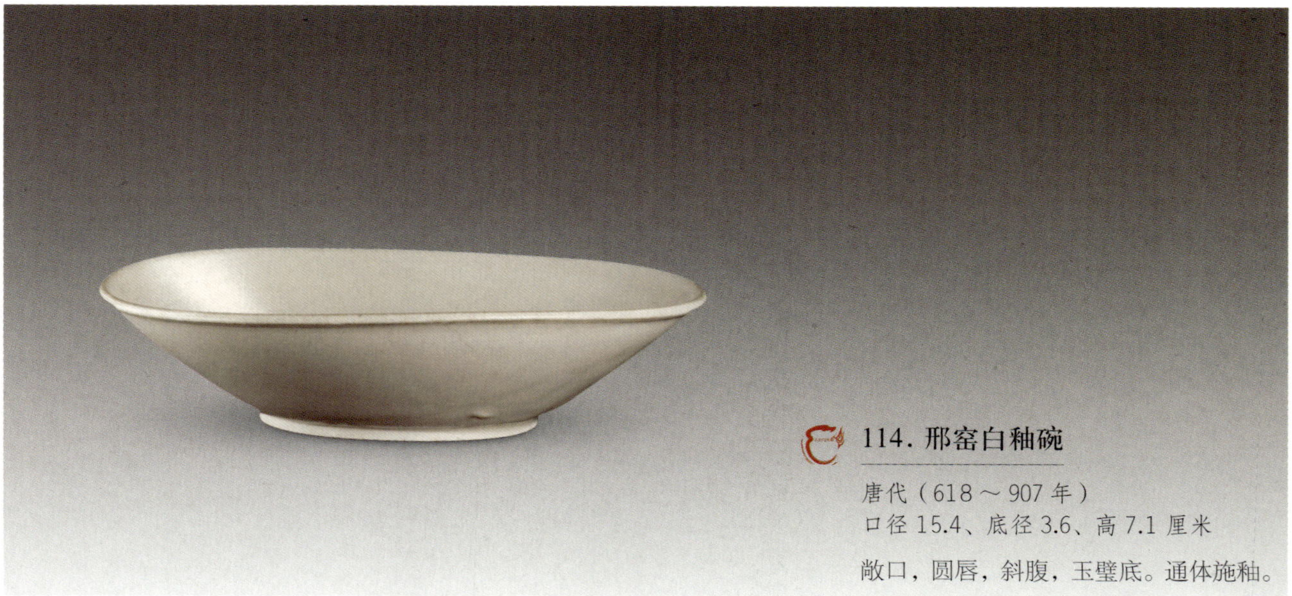

114. 邢窑白釉碗

唐代（618～907 年）
口径 15.4、底径 3.6、高 7.1 厘米

敞口，圆唇，斜腹，玉璧底。通体施釉。

115. 邢窑白釉碗

唐代（618～907年）
口径15.3、底径7.0、高4.0厘米

敞口，圆唇，斜腹，玉璧底。通体施釉。

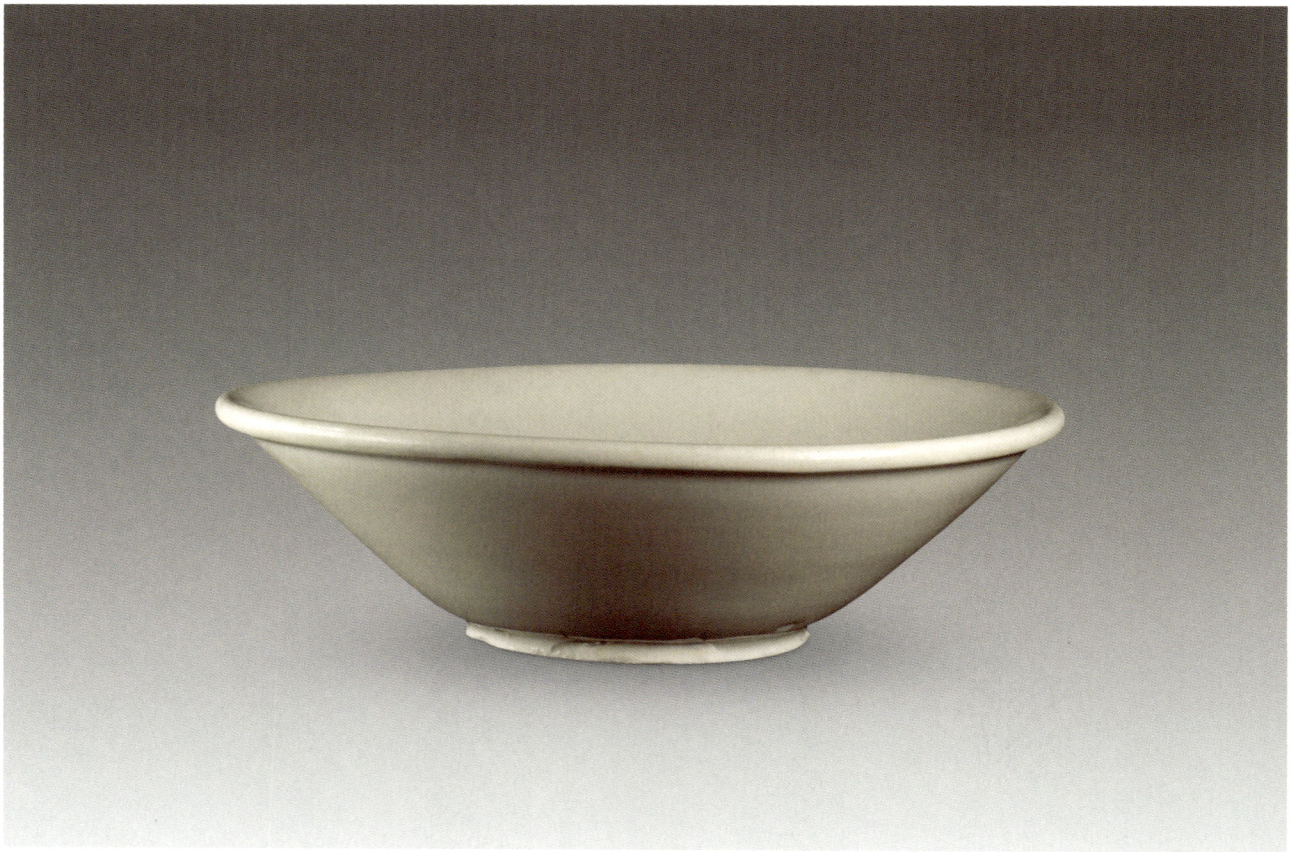

116. 邢窑白釉碗

唐代（618～907年）
口径14.7、底径5.7、高5.4厘米

敞口，圆唇，斜腹，玉璧底。通体施釉。

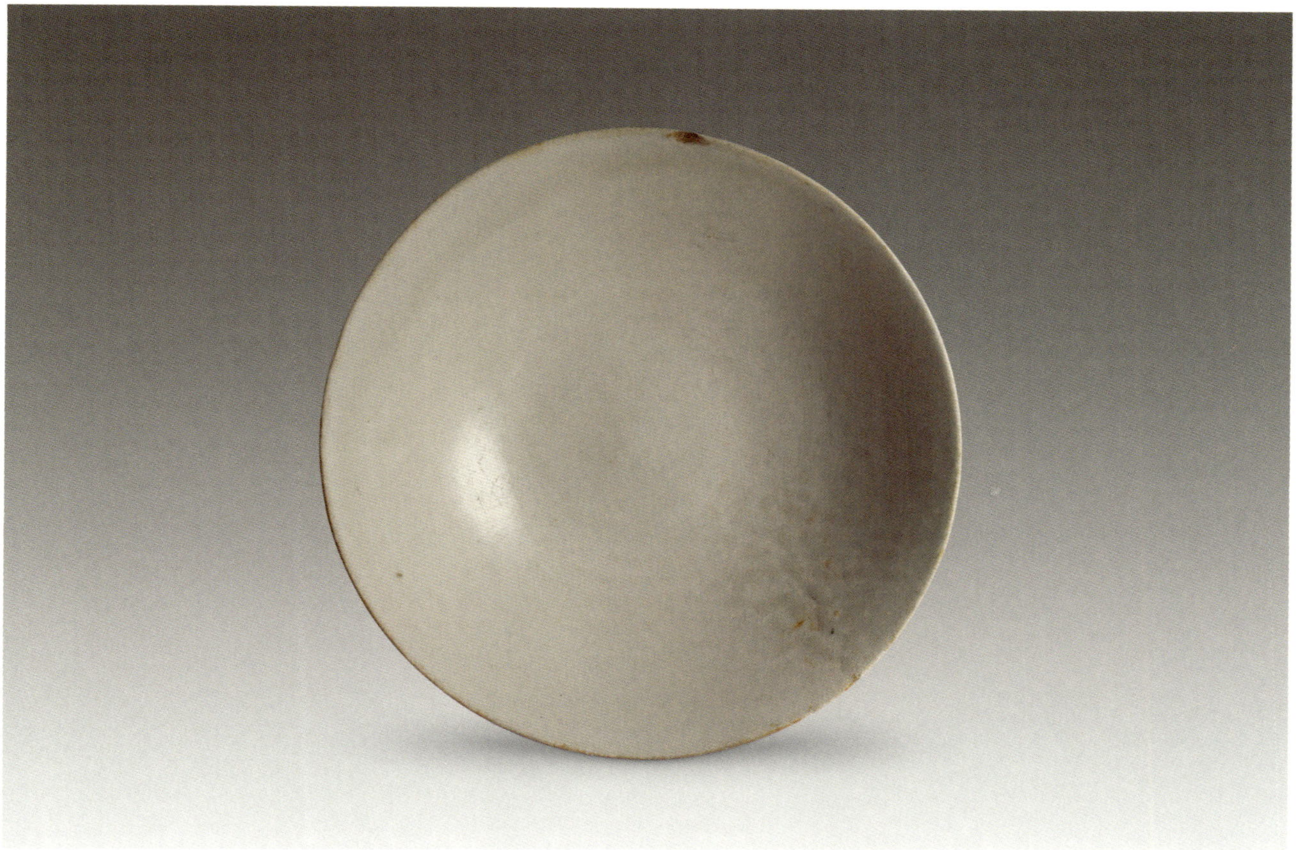

117. 邢窑白釉碗

唐代（618 ～ 907 年）
口径 14.5、底径 6.7、高 3.8 厘米

敞口，圆唇，斜腹微弧，玉璧底。通体施釉。

118. 邢窑白釉碗

唐代（618～907年）
口径14.5、底径6.3、高4.2厘米

敞口，圆唇，斜腹微弧，玉璧底。通体施釉。

119. 邢窑白釉碗

唐代（618～907年）
口径14.3、底径7.5、高4.0厘米

敛口，圆唇，弧腹微鼓，玉璧底。通体施釉。

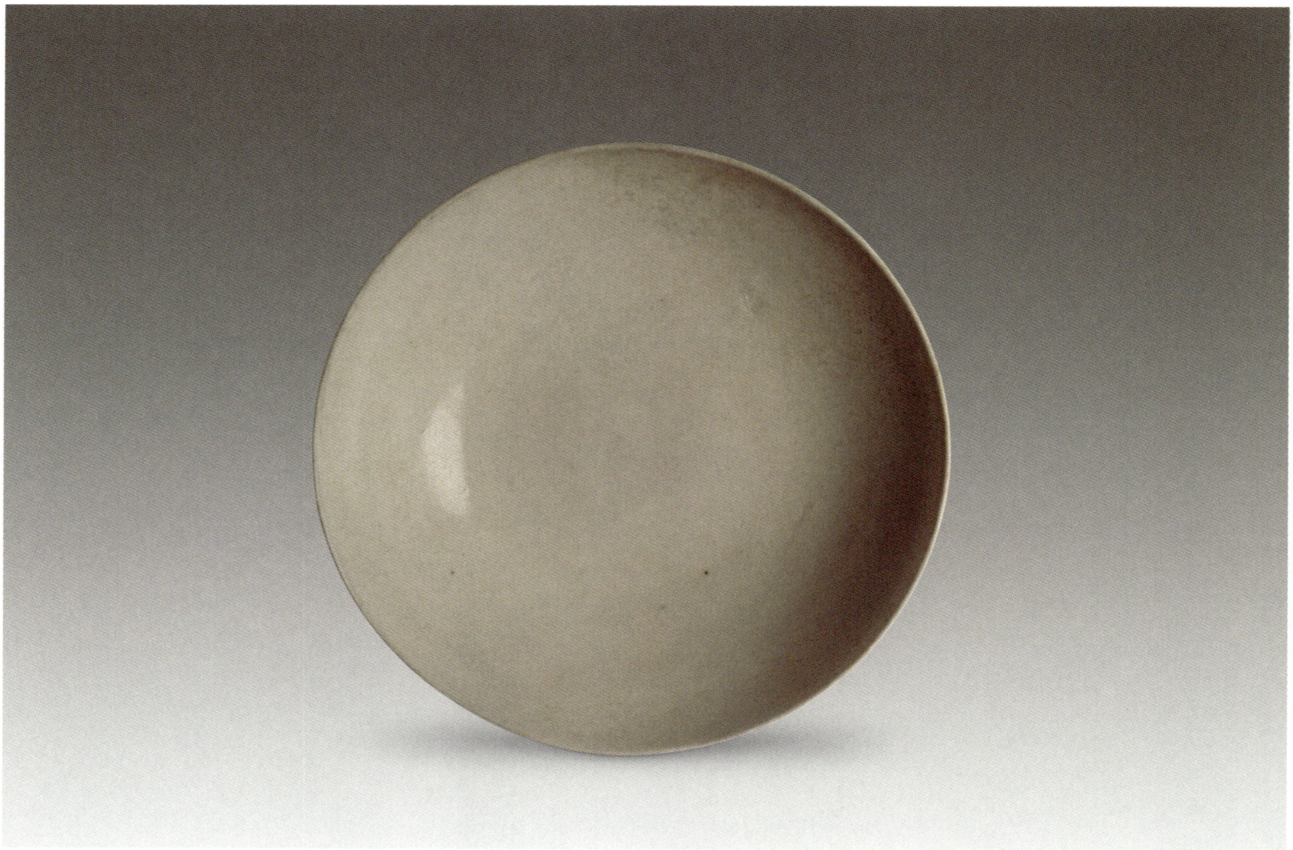

120. 邢窑白釉碗

唐代（618～907 年）
口径 14.0、底径 7.4、高 3.7 厘米

敛口，圆唇，弧腹微鼓，玉璧底。通体施釉。

121. 邢窑白釉绿彩碟

唐代（618～907年）
口径14.9、底径7.7、高2.5厘米

敞口，圆唇，斜腹，圈足。内底有三个支烧痕。通体点绿彩施釉。

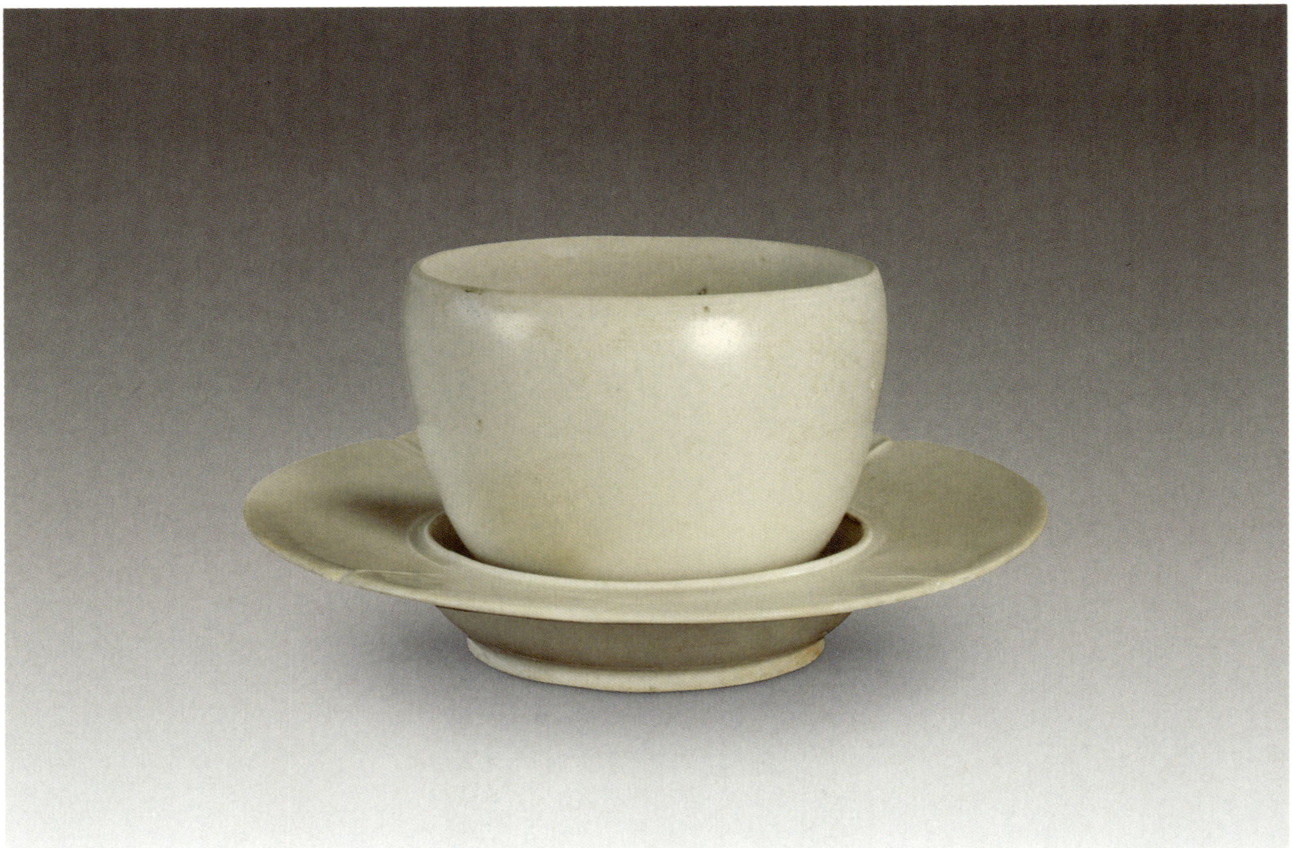

122. 邢窑白釉杯、盏托

唐代（618～907年）
盏托口径14.6、高3.0厘米；杯口径8.9、底径5.2、高6.8厘米

一套。盏托葵口，平折沿，浅弧腹，圈足，通体施釉。杯为敛口，弧腹，圈足，通体施釉。

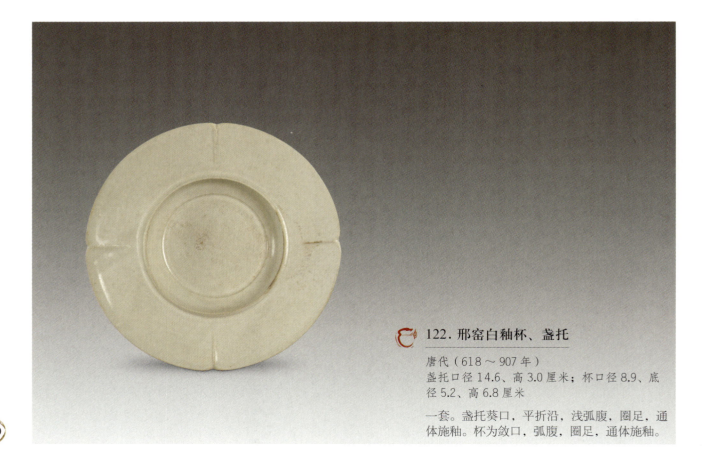

123. 邢窑白釉杯

唐代（618～907 年）
口径 8.8、底径 5.4、高 5.7 厘米

敛口，圆唇，弧腹，圈足，底有粘砂。通体施釉。

124. 邢窑白釉杯

唐代（618～907 年）
口径 8.7、底径 5.5、高 6.8 厘米

敛口，圆唇，弧腹，圈足。通体施釉。

125. 邢窑白釉杯

唐代（618～907 年）
口径 8.6、底径 5.2、高 6.8 厘米

敛口，圆唇，弧腹微鼓，饼足。通体施釉。

126. 邢窑白釉绿彩吸杯

唐代（618 ～ 907 年）
口径 12.6、底径 7.6、高 10.4 厘米

侈口，圆唇，弧腹，折腰，喇叭形高足。杯外壁贴一根吸管直通底部，吸管用两系固定，杯内底有一个小圆孔与吸管相通，其上堆塑鱼纹。这样从吸管可以方便地吸到杯子里面的液体，但是小圆孔藏在鱼腹之下，不注意是很难发现的。杯外壁饰弦纹。杯内、外施釉点绿彩。

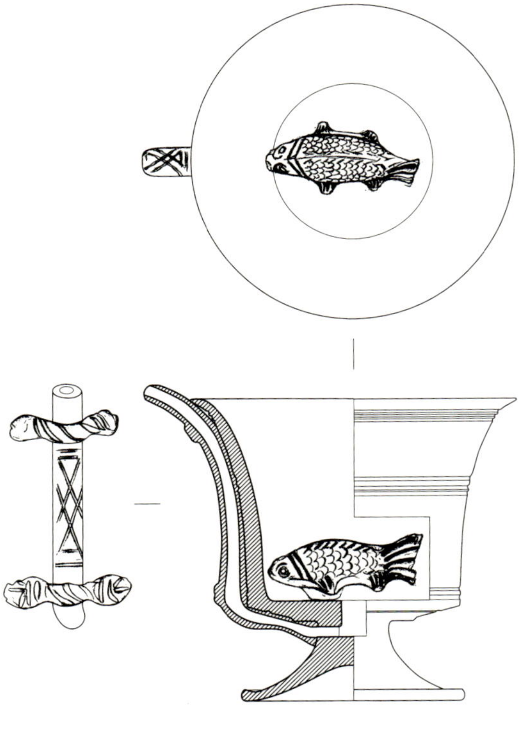

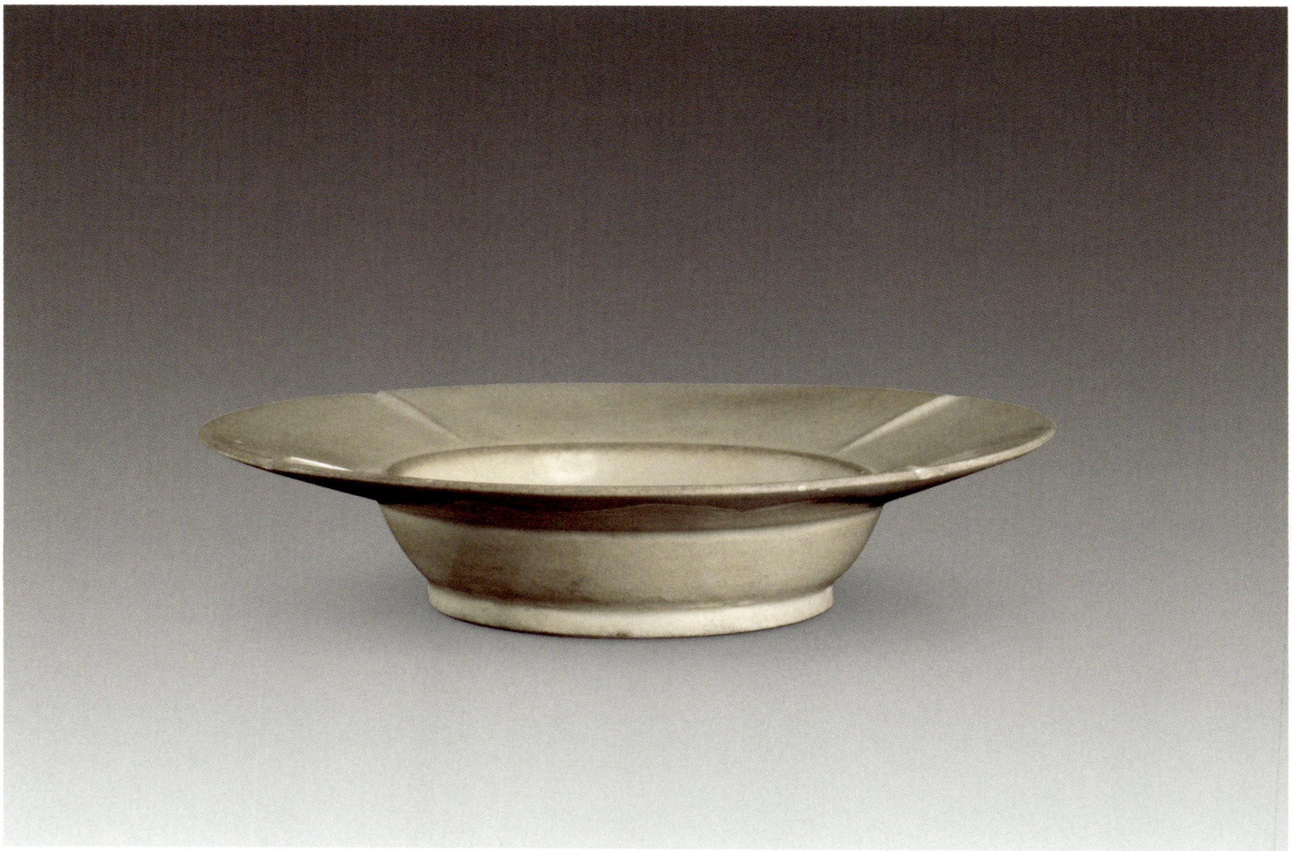

127. 邢窑白釉盏托

唐代（618～907 年）
口径 14.3、底径 6.8、高 3.3 厘米

葵口，平折沿，浅弧腹，圈足。通体施釉。

128. 巩县窑白釉碗

唐代（618～907年）
口径24.5、底径11.5、高6.6厘米

侈口，圆唇，卷沿，弧腹，圈足。内壁有四条凸棱。通体施釉。

129. 巩县窑白釉绿彩盏

唐代（618 ～ 907 年）
口径 9.9、底径 4.9、高 3.5 厘米

敞口，圆唇，弧腹，圈足。内壁与外壁上部着化妆土，通体施釉点绿彩。

130. 巩县窑白釉绿彩盏

唐代（618～907年）
口径10.6、底径5.4、高3.3厘米

敞口，圆唇，弧腹，圈足。内壁与外壁上部着化妆土，通体施釉点绿彩，施釉不及底。

131. 巩县窑白釉绿彩盏

唐代（618～907年）
口径11.1、底径4.8、高3.5厘米

敞口，圆唇，卷沿，弧腹，圈足。内壁与外壁上部着化妆土，通体施釉点绿彩，施釉不及底。

132. 巩县窑白釉绿彩盏

唐代（618 ～ 907 年）
口径 10.9、底径 4.7、高 3.4 厘米

敞口，圆唇，卷沿，弧腹，玉璧底。盏内有四凸棱。内壁与外壁上部着化妆土，通体施釉点绿彩，施釉不及底。

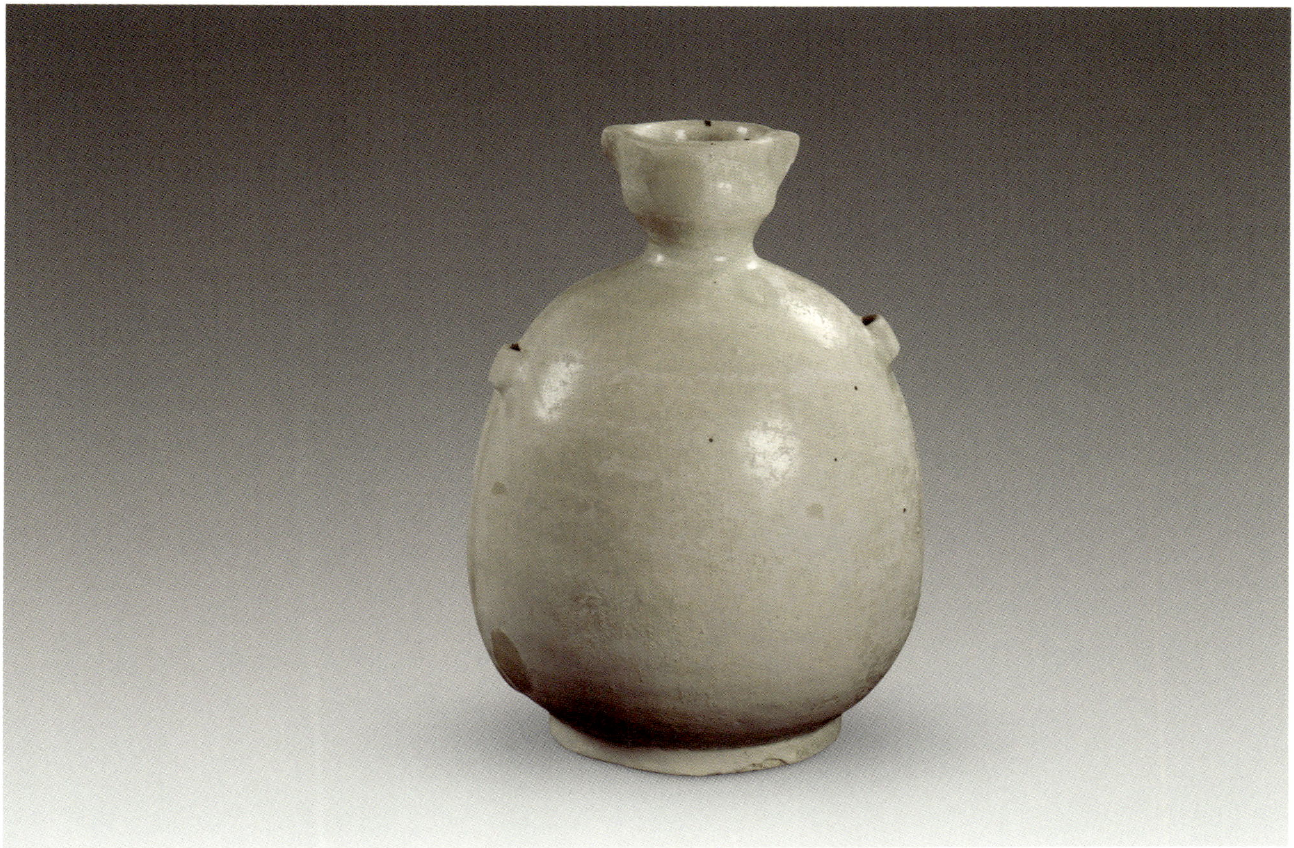

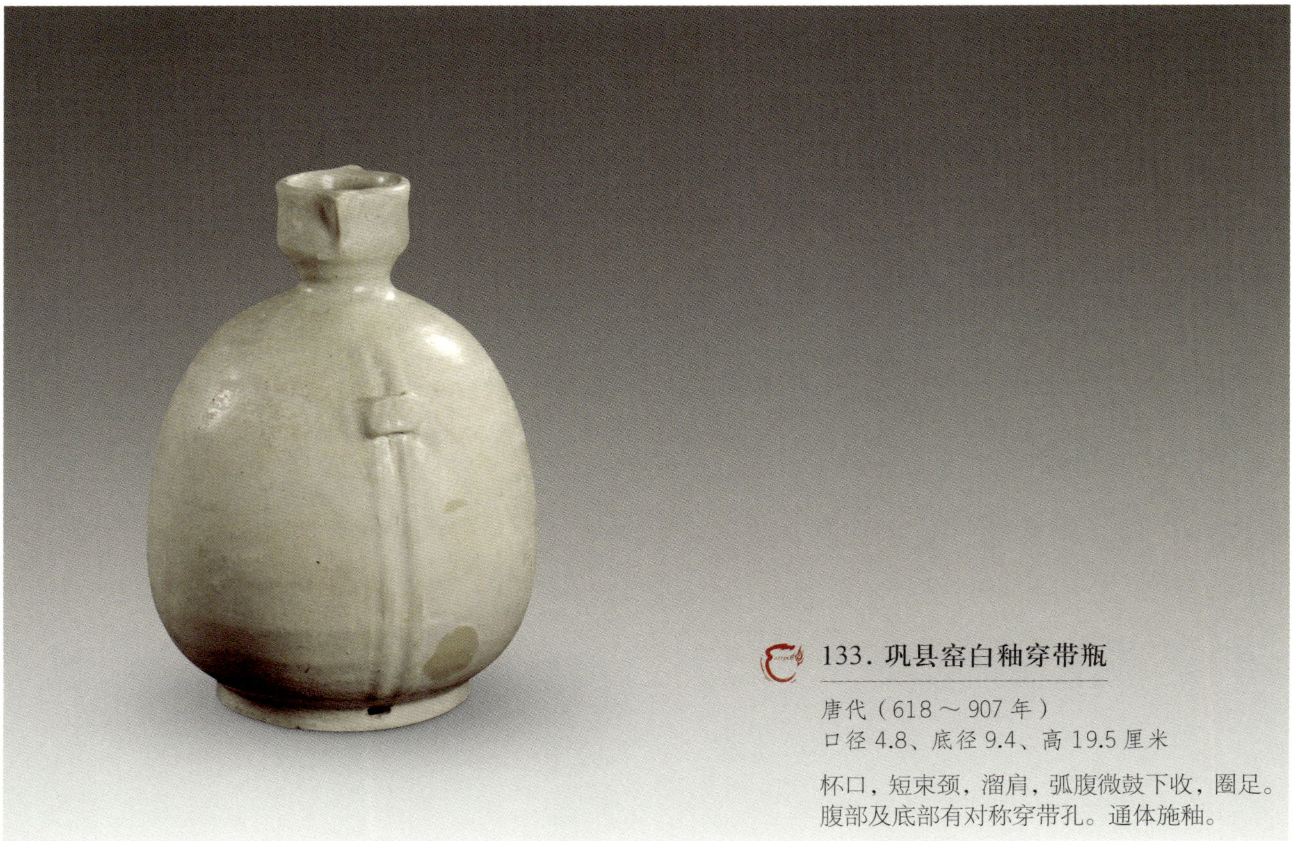

133. 巩县窑白釉穿带瓶

唐代（618～907年）
口径4.8、底径9.4、高19.5厘米

杯口，短束颈，溜肩，弧腹微鼓下收，圈足。腹部及底部有对称穿带孔。通体施釉。

134. 官冲窑青釉碗

唐代（618～907 年）
口径 27.3、底径 14.2、高 8.7 厘米

直口，斜腹，圈足。碗内有八个支钉。施青釉，外壁釉不及底。

135. 官冲窑青釉碗

唐代（618 ～ 907 年）
口径 19.5、高 5.0 厘米

敞口，圆唇，弧腹，小平底。碟内有六个状支钉。施青釉，外壁釉不及底。

136. 官冲窑青釉碗

唐代（618～907 年）
口径 19.3、高 4.8 厘米

敞口，圆唇，弧腹，小平底。碗内有六个状支钉。施青釉，外壁釉不及底。

137. 水车窑青釉碗

唐代（618 ～ 907 年）
口径 19.7、底径 10.0、高 6.1 厘米

敞口，圆唇，斜腹，玉璧底。碗内有四条凸棱。通体施青釉。

138. 水车窑青釉碗

唐代（618～907年）
口径19.6、底径9.5、高6.0厘米

敞口，圆唇，斜腹，玉璧底。碗内有四条凸棱。通体施青釉。

139. 水车窑青釉碗

唐代（618～907 年）
口径 16.6、底径 9.3、高 6.3 厘米

敞口，圆唇，斜腹，玉璧底。底部有三个支烧痕。通体施青釉。

140. 青釉碗

唐代（618 ～ 907 年）
口径 15.2、底径 6.1、高 4.2 厘米

敞口，圆唇，斜腹，玉璧底。通体施青釉。

141. 青釉碗

唐代（618～907年）
口径14.5、底径7.4、高5.0厘米

侈口，圆唇，卷沿，弧腹微鼓，圈足。外壁有四条瓜棱。通体施青釉。

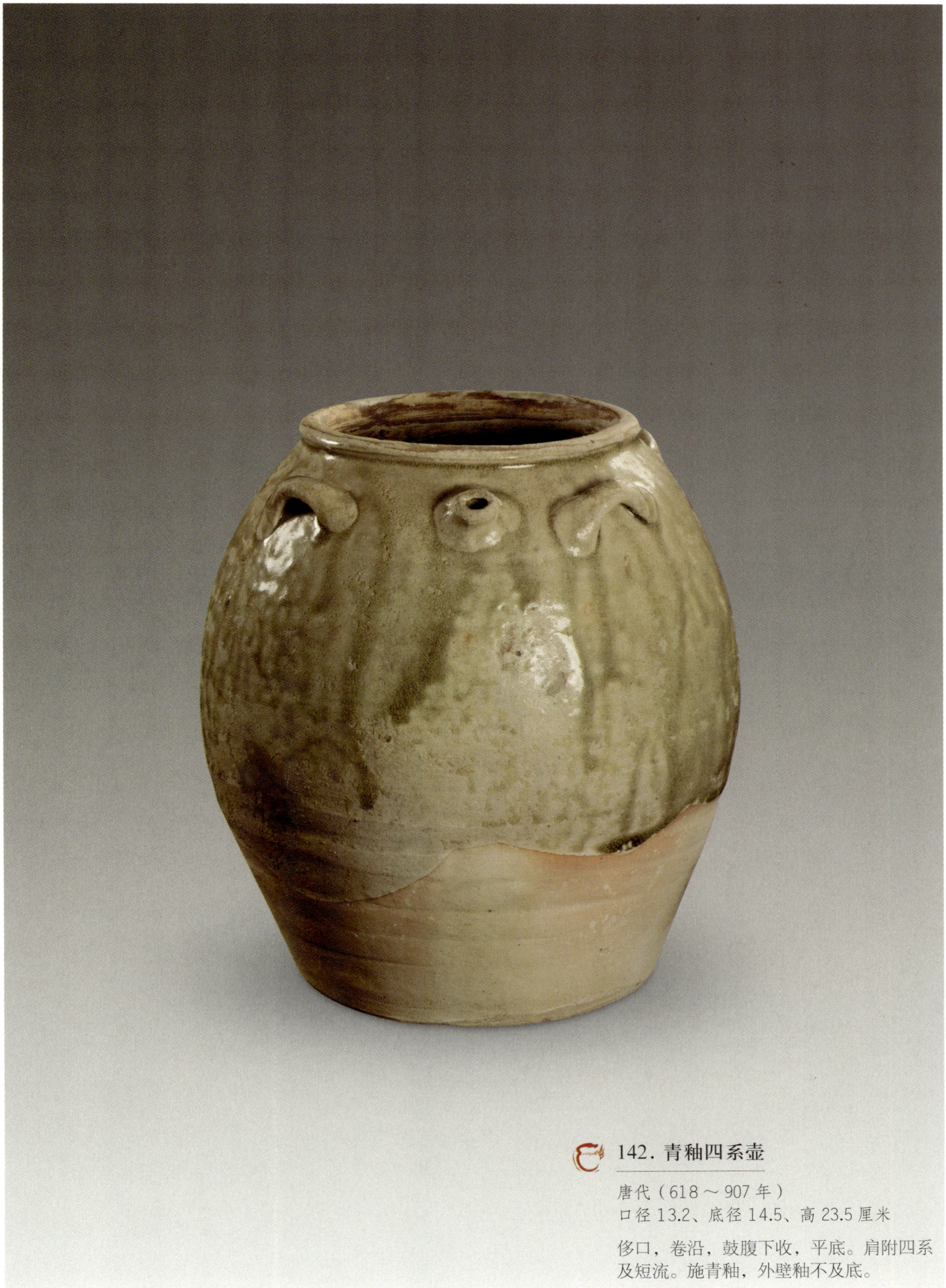

142. 青釉四系壶

唐代（618～907 年）
口径 13.2、底径 14.5、高 23.5 厘米

侈口，卷沿，鼓腹下收，平底。肩附四系及短流。施青釉，外壁釉不及底。

143. 青釉罐

唐代（618～907年）
口径5.4、高5.8厘米

侈口，卷沿，垂腹，平底。红胎，施青釉，外壁釉不及底。

144. 青釉双系罐

唐代（618～907 年）
口径 9.6、高 9.4 厘米

口沿外卷，弧腹，平底。肩部附双系。红胎，施青釉，外壁釉不及底。

145. 青釉双系罐

唐代（618 ~ 907 年）
口径 9.1、底径 10.0、高 9.2 厘米

侈口，卷沿，弧腹，平底。肩附双系。施青釉不及底。

146. 酱釉双系罐

唐代（618 ~ 907 年）
口径 8.8、底径 8.7、高 15.0 厘米

侈口，圆唇，束颈，溜肩，弧腹，平底。肩部有双系。施酱釉不及底。

147. 青釉四系罐

唐代（618～907 年）
口径 13.0、底径 17.4、高 21.3 厘米

口沿外卷，鼓腹下收，平底。肩附四系及短流。施青釉，外壁釉不及底。

148. 青釉四系罐

唐代（618～907 年）
口径 12.7、高 32.8 厘米

直口微侈，圆唇，溜肩，鼓腹下收，平底。肩部有四系及短流。施青釉，外壁釉不及底。

149. 青釉四系罐

唐代（618～907年）
口径12.8、底径20.9、高42.0厘米

直口微侈，圆唇，溜肩，鼓腹下收，平底。肩部有四系及短流。施青釉，外壁釉不及底。

150. 青釉四系罐

唐代（618 ～ 907 年）
口径 12.8、底径 18.2、高 42.4 厘米

直口微侈，圆唇，溜肩，鼓腹下收，平底。肩部有四系及短流。施青釉，外壁釉不及底。

151. 青釉四系罐

唐代（618 ～ 907 年）
口径 14.9、底径 22.8、高 38.7 厘米

直口微侈，圆唇，溜肩，鼓腹下收，平底。肩部有四系及短流。施青釉，外壁釉不及底。

152. 青釉四系罐

唐代（618～907年）
口径12.6、底径12.6、高21.2厘米

直口微侈，圆唇，溜肩，鼓腹下收，平底。肩附四系。施青釉，外壁釉不及底。

153. 青釉四系罐

唐代（618～907年）
口径13.0、底径20.0、高41.2厘米

直口微侈，圆唇，溜肩，鼓腹下收，平底。肩部有四系及短流。施青釉，外壁釉不及底。

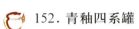

154. 青釉四系罐

唐代（618～907年）
口径12.1、底径13.5、高20.0厘米

直口微侈，圆唇，溜肩，鼓腹下收，平底。肩附四系。施青釉，外壁釉不及底。

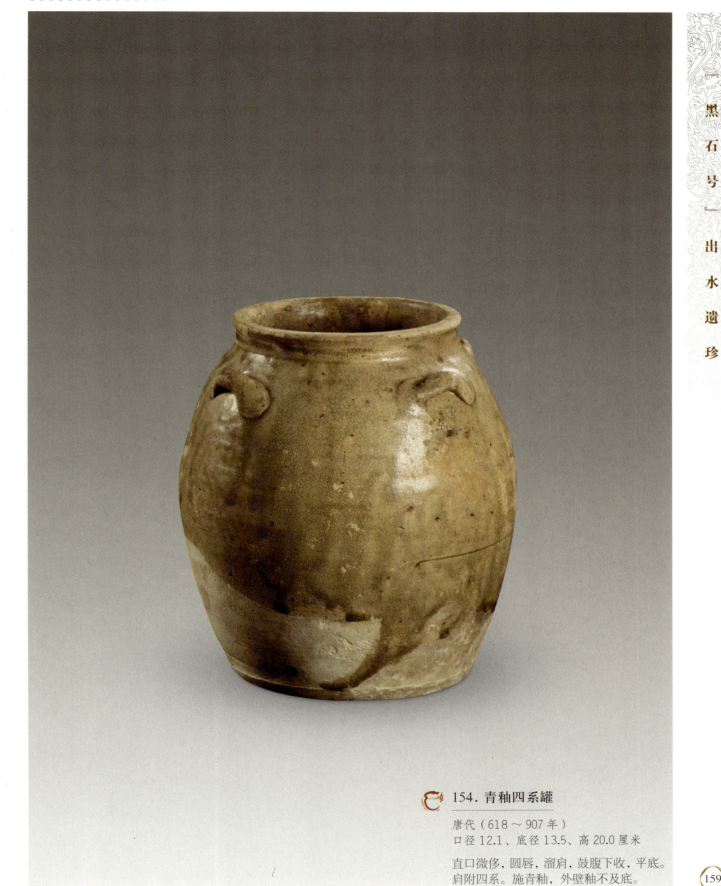

155. 青釉罐形镂空器

唐代（618 ～ 907 年）
腹径 35.5、高 36.7 厘米

敛口，溜肩，鼓腹下收，平底。肩部有四系。施青釉，几乎剥落殆尽。

156. 青釉四系盆

唐代（618 ～ 907 年）
口径 35.7、底径 25.0、高 14.5 厘米

平折沿，斜腹，平底。口沿下有四系，口沿无釉，其上有十多处支烧痕。施青釉，外壁釉不及底。

157. 青釉提梁壶

唐代（618～907年）
腹径17.2、底径14.6、高21.0厘米

圆鼓腹，平底。顶部有一提梁，肩部有注水孔和流。

158. 青釉带盖水注

唐代（618～907年）
口径9.1、底径6.0、高10.0厘米

盖面微弧，中间有一个桥形纽。水注为直口，短颈，鼓腹下收，玉璧底。上腹有三个系和一个短流。施青釉，外壁釉不及底。

159. 黑陶罐

唐代（618～907年）
口径12.8、底径14.2、高19.7厘米

直口微侈，卷沿，短颈，弧腹下收，平底。肩附六系。灰胎。

160. 黑陶罐

唐代（618～907年）
口径14.3、底径14.9、高19.0厘米

直口微侈，卷沿，短颈，弧腹下收，平底。肩附六系。灰胎。

161. 青釉六系瓮

唐代（618～907年）
口径21.5、底径23.5、高68.0厘米

直口，溜肩，鼓腹下收，平底。肩部有六系，并刻“兴”字。施青釉，外壁釉不及底。

162. 青釉六系瓮

唐代（618～907年）
口径 22.0、底径 25.0、高 68.0 厘米

直口，溜肩，鼓腹下收，平底。肩部有六系。施青釉，外壁釉不及底。

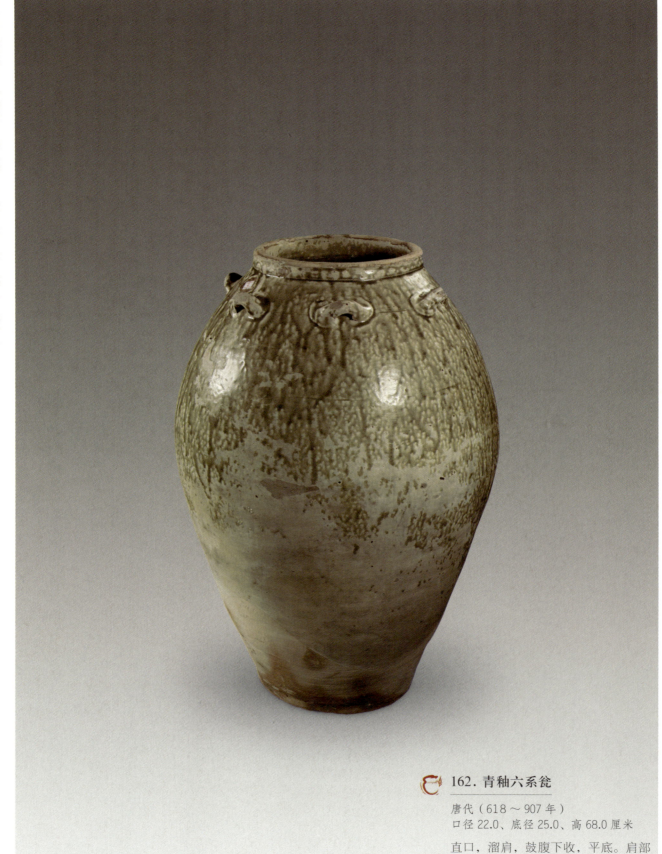